U0501822

智能化视域下会计发展研究

周　彦　丁小丽　郑云霞◎著

吉林出版集团股份有限公司
全国百佳图书出版单位

图书在版编目（CIP）数据

智能化视域下会计发展研究 / 周彦，丁小丽，郑云霞著. -- 长春：吉林出版集团股份有限公司，2023.9

ISBN 978-7-5731-4345-7

Ⅰ.①智⋯ Ⅱ.①周⋯ ②丁⋯ ③郑⋯ Ⅲ.①会计学-发展-研究-中国 Ⅳ.①F233.2

中国国家版本馆 CIP 数据核字（2023）第 190002 号

智能化视域下会计发展研究

ZHINENG HUA SHIYU XIA KUAIJI FAZHAN YANJIU

著　者　周　彦　丁小丽　郑云霞

责任编辑　孙　璐

助理编辑　王　博

开　　本　787mm×1092mm　1/16

印　　张　10

字　　数　200 千字

版　　次　2023 年 9 月第 1 版

印　　次　2023 年 9 月第 1 次印刷

出　　版　吉林出版集团股份有限公司

发　　行　吉林音像出版社有限责任公司

　　　　　（吉林省长春市南关区福祉大路 5788 号）

电　　话　0431-81629679

印　　刷　吉林省信诚印刷有限公司

ISBN 978-7-5731-4345-7　　定　价　49.00 元

如发现印装质量问题，影响阅读，请与出版社联系调换。

前言

在信息技术不断革新的影响下，智能化的浪潮冲击着社会中的各行各业。随着大数据时代的到来和人工智能技术的兴起，企业结构日益复杂，经营业务越发多样化、复杂化，交易产生的业务数据、财务数据和市场外部环境数据量巨大，通过财务分析，有效利用数据信息实现正确经营决策显得越加重要。传统会计所能提供的分析工具和基于传统会计的管理决策无法及时分析财务报表，因而造成决策失灵、内控不到位、系统对市场反应迟钝等后果，数据信息的价值无法被充分利用和发挥出来。

顺应时代要求，依托大数据、人工智能、云计算、区块链等信息技术构建起的技术网络和架构，智能会计应运而生，以实时化、智能化、协同化为特征推动会计进入智能时代。智能会计的出现必将颠覆传统会计的业务流程和工作重心，作为会计未来的发展方向，智能会计必然会对会计行业结构、企业经营管理和高校会计专业人才培养体系产生深远的影响，并将更进一步革新企业的管理理念和管理模式。

本书共分七章，其中：第一章是智能化与会计概述，论述了当今智能化时代到来的背景，介绍了智能会计的内涵、特点和功能；第二章论述了智能化会计的理论基础，共介绍与分析了四种理论，即大数据理论、云计算理论、区块链理论以及人工智能理论；第三章对智能化视域下会计组织与模式变革进行了论述与研究，包括智能化视域下会计组织的简化、智能化视域下会计管理策略、智能化视域下的会计团队、智能化视域下的会计创新四部分内容；第四章从四个方面阐述了智能化视域下会计的规划设计思路，分别是智能化视域下会计的总体规划、智能化视域下会计的业务流程设计、智能化视域下会计的制度体系设计以及智能会计信息系统总体功能需求设计；第五章研究了智能化会计信息系统的内容建设，回顾了会计信息系统的发展历程，从智能会计信息系统体系结构设计、智能财务会计共享之核算自动化设计、智能财务会计共享之智能稽核设计三个方面进行了论述与分析；第六章对智能化视域下会计教育进行研究，总结了当今智能化视域下大学会计教育的变革，研究了智能化视域下财务共享服务课程体系的开发与建设，介绍了智能化视域下财务共享服务教育与认证体系；第七章是对智能化视域下会计创新实践的研究，包括智能会计应用的领域、电子发票助力管理升级、管理会计打破维度的限制、解决财务渗漏问题四个方面的内容。

智能化是信息技术未来的发展趋势，也必然是会计信息化发展的方向，目前有关智能会计的研究与实践尚处于起步阶段，本书对于智能会计的研究与探索难免存在疏漏，欢迎广大专家、读者批评指正，为本书提供宝贵的修改意见。

周　彦　丁小丽　郑云霞
2023.3

目 录

第一章　智能化与会计概述

全球化的竞争加剧以及技术的发展促使会计行业进行持续的变革。由于互联网技术、智能算法、大数据引擎、机器学习等创新技术的参与而创造出的新的会计模式引起了人们的广泛关注，智能会计作为一种与传统会计相对应的理念应运而生，智能会计时代已然到来。

第一节　智能化时代的到来

智能化时代的到来，使得商业模式、产业环境、生产要素以及企业结构等方面发生了诸多变化，从而使得传统会计已无法满足时代变化的要求，智能会计是会计智能化时代的必然要求。

一、商业模式深刻变化

商业模式主要是指企业自身定位、产品和服务、选择消费者、获取和使用资源，从而进入市场、创造价值和获取利润的系统。简言之，商业模式是企业为了获取收益和维持经营而采取的商业发展模式，是企业调动各种资源创造价值的模式。随着互联网时代的到来，商业模式有了很大的变化，打破了传统意义上能够依托的壁垒，以往的经营经验毫无用处，所以黑莓和诺基亚等企业被兼并或者倒闭，苹果公司一跃成为世界上市值最高的企业，小米公司仅成立短短几年就市值飞涨。这表明，智能化时代的商业模式，需要让消费者直接参与到企业生产以及价值创造中。

智能化时代的数字经济模式借助互联网等信息技术，凭借其参与性和公众性等特征，有效地促进了商业模式的创新发展。首先，互联网使企业的组织环境变得模糊，使企业的经营进入边界模糊、内外难以分离的领域，传统的产业分工和商业模式被淘汰；其次，因为互联网使市场环境具有不确定性，所以企业的商业模式也具有不固定性和随机性，促使企业不得不进行商业模式的创新；最后，互联网在很大程度上推动了去中心化，互联网时代背景下，人们会通过共建共享的方式了解世界，自媒体的出现实现了互联网的中心原子化，使人们参与到信息的发布、传播和接收中。

新兴技术的发展，使消费者不再像以往一样单方面地被迫选择市场中的商品，消费者的个性化需求被摆在了更加突出的位置，企业也因此变革原有的商业模式，以适应时代新要求。因此，新的商业模式其实是以消费者为中心的商业模式，在此商业模式下，企业定位大众，利用互联网技术缩小与用户的距离，更加深层次地及时了解用户的需求，提升生产能力和创新水平，更好地抢占市场份额；通过引进研发资源平台、资源云平台等先进资源，为商业模式更好地推广和实现提供资源保障；通过自建用户平台以及与外部社交平台合作加强与用户的交流，实时动态准确定位了解用户不断变化的需求。

以客户为中心、快速更迭、平台化的新商业模式需要个性化定制、财务信息反馈更为迅速、去中心化的新会计模式出现。

二、数字化产业以及产业数字化迅速推进

作为数字经济的两个主要表现形式，在智能化时代，无论是数字化产业还是产业数字化，都实现了快速发展。

近几年数字产业化总体实现稳步增长，数字产业不断奠定坚实的基础，以及优化其内部结构。从结构上看，数字产业结构继续软化，软件产业和互联网产业比重继续小幅上升。

作为数字化产业的重要组成部分，软件和信息技术服务业平稳较快增长。2019年，我国软件和信息技术服务业呈现平稳良好的发展态势，收入和利润快速增长，从业人员稳步增加；信息技术服务加快云化发展，软件应用服务平台化趋势明显。总体来看，软件业务收入保持快速增长。

另外，产业数字化进一步推进，产业数字化转型由单点应用向连续协同演进，传统产业利用数字技术进行全方位、多角度、全链条的改造提升，数据集成、平台赋能成为推动产业数字化发展的关键。

制造业已成为数字经济的主战场。制造业企业数字化基础能力稳步提高。随着工业软件的日益普及，重点行业企业正在加快计算机辅助设计、制造执行系统、产品生命周期管理系统等工业软件的应用。制造业的新模式、新状态正在蓬勃发展。新一代信息技术与制造业融合加快，新技术、新产品、新模式、新业态不断孕育。据统计，2018年，全国部分企业开展网络化协同、服务化制造和个性化定制，成为制造业发展方式转变的新动力①。

产业数字化进程的迅速推进也为传统企业财务信息共享、实现业财税管一体化提供了基础条件，加深了传统的会计模式与企业数字化转型后的财务管理需求之间的矛盾。同时，数字化产业蓬勃发展也需要数字化、智能化的新会计模式。

---

① 中国信息通信研究院．中国数字经济与就业发展白皮书2020 ［R］．2020：21-23.

三、资产趋于多样化

智能化时代的到来，使得企业的资产不再局限于流动资产、长期投资、固定资产、无形资产等传统意义上的资产。作为数字经济最基础的要素，数据资产随着企业信息化水平的不断提升，以及产业互联网的普及和效能提升，在企业资产中的比重不断提升，成为企业不可或缺的重要部分。数据资产不仅在积累中形成并增强了企业的数据采集、分析能力，而且与物质资产和金融资产融合，创造出新的资产价值。

人类社会实时产生大量的数据，包括行为数据、交易数据、通信数据等，人们通过对这些数据的收集和分析，组织社会生产、消费、融资、投资等活动。智能化时代，移动互联网的普及和物联网产业的蓬勃发展带来了全球数据量的激增，大数据概念应运而生。所谓大数据，指的是需要新的处理模式才能获得更强的洞察力、决策力和流程优化能力的海量、多样化和高增长率的信息资产。与农业生产要素中的土地和劳动力、工业生产要素中的技术和资本一样，数据已经成为智能化时代的关键生产要素。数据驱动的创新正扩展到科技研发、经济社会各个领域，成为国家创新发展的关键形式和重要方向。

例如，家电零售连锁企业国美电器专注于对供应链系统的升级和改造，打通了线下 2100 多家实体店线上商城、国美电子软件应用和社交电商"国美美店"，实现了全渠道融合。管理者能够实时掌握企业销售大数据，对每个产品、每家店铺的销售情况都能了如指掌，实现了企业数据资源的优化配置。又如一些数据公司专门对病历文书的语义进行分析和结构化存储，形成了高质量的医疗大数据。数据公司将这些医疗大数据应用到健康管理、临床诊疗、新药研发等方面，对开发精准的健康管理方案、降低医疗成本以及针对性药物的生产等具有重要意义。

随着数字经济的不断发展，数据量爆炸式增长，数据资源的重要性日益凸显，成为企业未来可持续发展的关键资源。谁掌握了数据，谁就掌握了经济发展的主动权。数据的流动和共享推动业务流程跨越企业边界，编织新的生态网络和价值网络。因此，挖掘数据价值、激活新的增长点正在成为企业创新发展的关键形式和重要方向。

随着企业数据资产重要性的提高，财务数据作为企业管理的重要依据，反映了企业资金的运行情况。在梳理相关信息的基础上，深入分析和处理，有助于判断企业经营的薄弱环节，从而为管理决策提供准确依据。在大数据环境下，财务管理和财务信息涉及的范围更广，需要处理的信息也更多，这使得财务管理更加繁重。一是随着财务数据的增加，工作量也会增加。财务数据来源和采集渠道更加多样化，数据更新速度更快，迫切需要解决的问题是提高数据处理效率。二是业务信息与财务信息的沟通更加顺畅，管理更加有力。企业收集的财务信息不仅包括现有的会计信息，还包括企业生产、销售等环节的信息，以及第三方会计信息。信息采集的范围更广，这就要求企业提高财务工作效率，更深入地挖掘财务数据的价值。要想实现这一目标，就必须采取更具智能化、实时性、高效性的新会计模式。

四、企业组织形态呈现新的态势

智能化时代数字经济的发展不仅带来了企业资产元素的改变，而且对企业等微观主体的内外部组织形态也产生了变革性影响。新制度经济学的诞生是由于经济学未能解释企业存在的意义，通过打开企业内部的"黑盒"，发现企业的诞生是由于市场的交易成本远高于企业内部。数字经济的出现或许又将使一切发生变革。一方面，企业内部的科层制正在遭受破坏，越来越多的企业愿意将企业的复杂架构扁平化，以提高创新效率和执行力；另一方面，企业的外部环境也在变化，企业不论规模大小都在积极组织或参与产业生态组织，数字化手段的丰富也推动了网络化平台组织的出现和壮大。

数据驱动的企业和产业组织结构已经从科层制向柔性化、扁平化和平台化发展。企业管理结构有两次重大变革，一个是美国福特创立的流水线作业的"工业化大生产"① 模式，另一个是以日本丰田为代表的"精益生产"② 模式。大数据技术和数字化应用正在推动企业组织再次出现颠覆性创新，实现从精确的大规模标准化生产向个性化的柔性生产的转变。企业组织模式变革如图 1-1 所示。

图 1-1 企业组织模式变革

以青岛海尔股份有限公司（以下简称"海尔集团"）③ 为例，海尔集团从 2000 年起关注互联网转型战略，经过 20 多年努力，已经成为全球白色家电创新的引领者，不仅完全创立了新的生产模式和组织形态，并且获得了高达 30% 的利润。这对于一个过了而立之年的中国老牌制造企业来说，是一个前所未有的奇迹，赢得了哈佛商学院高度赞誉。海尔式创新有以下两大亮点。

一是引领了从福特模式向海尔模式的生产模式变革。在海尔集团的实地调研走访中可见，海尔集团已经实现了精准、高效、个性化的生产模式，并成为当前全球新一轮生产模式的引领者，这是具有历史意义的跨越。第二次世界大战后全球制造企业都

① 文斌 . web 服务开发技术 ［M］. 北京：国防工业出版社，2019：219.
② 王辉 . 匠心：成就卓越的力量 ［M］. 北京：新世界出版社，2017：168.
③ 李艺铭，安晖 . 数字经济 ［M］. 北京：人民邮电出版社，2017：209-210.

在推行美国福特的流水线作业"工业化大生产"模式,实现了从单件产品生产到大规模标准化生产;滞胀危机后,全球制造业主流模式转向以日本丰田为代表的"精益生产"模式,核心是在福特模式基础上实现更精益的成本控制;如今,在互联网助力下,海尔集团实现了从精准的大规模标准化生产向个性化柔性生产的转型,这是对福特模式、丰田模式的颠覆式创新,对全球制造模式变革具有重大意义。

二是构建了鼓励创业创新的扁平组织架构。海尔集团的创业创新战略是简明清晰的,2012 年,海尔集团提出了"企业平台化、员工创客化、用户个性化"的策略,在实践过程中,海尔集团已经实现了从科层组织向节点组织的成功转型,将多层级组织转变为只有平台主、小微主和创客的平台,并建立了"用户付薪"的价值体系。无层级组织和用户价值评价体系的建立,为海尔集团内部员工创业提供了强大的动力。

扁平化、柔性化的企业结构要求会计系统能够着眼全局,实施"事前控制"措施;精简财务机构、会计集中核算,缩短财务管理链条,克服财务信息孤岛、信息传递速度衰减以及内容失真等传统会计的缺点。传统会计作为企业管理的一环,很难适应企业经营的需要,迫切需要创造智者思维。从企业的组织结构来看,随着信息技术的发展和分工的细化,企业组织结构呈现扁平化的发展趋势。同时,企业各部门的组织边界呈现模糊化的趋势,各部门间的功能逐渐趋于融合。这在很大程度上拓展了会计的外延。智能化时代,企业对会计的需求不再仅仅是一个反映和监督的管理工具,而是具有全局思维的、对企业经营管理具有掌控能力的新职能。要想满足企业对会计变化的需求,必须应用全新的会计模式。

充满变革色彩的智能化时代不仅改变了财务人对管理实践和技术逻辑的认知,而且对财务组织的业务模式有了新的探索。智能会计是现代会计与数字经济紧密结合的产物,是新经济、技术环境迭代发展所带来的商业模式、产业环境、企业资产组成、组织形态颠覆式变革对会计新要求的结果,是传统会计转型发展的必然方向。智能会计时代已然来临。

第二节 智能会计的内涵与特点

一、智能会计的内涵

传统意义上的会计是以货币为主要计量单位,反映和监督一个单位经济活动的一种经济管理工作。在企业,会计主要提供企业财务状况、经营成果和现金流量信息,并对企业经营活动和财务收支进行监督。

会计体系和会计制度是随着人类社会生产的发展和经济管理的需要而产生、发展并不断完善起来的。人类文明不断进步,社会经济活动不断革新,生产力不断提高,会计的核算内容、核算方法等也得到了较大发展，逐步由简单的计量与记录行为，发展成为主要以货币单位综合地反映和监督经济活动过程的一种经济管理工作，并在参与单位经营管理决策、提高资源配置效率、促进经济健康持续发展等方面发挥积极作用。

智能会计的出现并迅速发展得益于新兴智能管理技术等理论的支持。可以说，它的产生是会计由简单核算型向经营决策型转变的重大突破。为了提高企业参与竞争的快速反应能力，及时高效地为决策服务，对企业的会计和财务管理系统提出了更高要求：要强化企业财务分析的准确性、系统性和及时性。在这种大趋势下，智能会计的推广应用可以带来企业管理的革命性变化，带来企业经营效率的普遍提高，进而导致社会经济水平的进一步发展。智能会计的出现是经济发展和"大智移云物区环"技术的必然产物，当经济发展和计算机科学技术发展到一定程度，传统会计已无法满足企业核算、分析、管理、决策的全部需要时，智能会计便应运而生。简言之，智能会计的发展是建立在电子商务浪潮风起、互联网技术飞速发展、企业经营环境的革命性变化以及企业经营管理模式向精细化数据化转变之上的。智能会计是企业会计与财务管理发展的方向，其出现引发了学术界和实务界对智能会计这一新兴概念的关注与研究。

所谓智能会计，是以大数据、人工智能、区块链、云计算、移动互联等技术为支撑的业务结构流程化、账务处理自动化、信息提供精准化、管理决策智能化，可即时高效地实现各类市场主体业务、财务、税务、管理高度融合的智能化时代的新型智能化会计系统。其中，业务结构流程化是指智能会计系统能够根据企业需求自动分析业务流程和涉及部门，确保流程环环相扣，数据自动传递；账务处理自动化是指系统通过文字识别和文本分析技术，基于系统内预先构建的业务场景，在前端业务发生时由系统自动化地生成会计凭证，同时一键生成财务报表或自动进行复杂股权架构的集团内财务报表的合并工作；信息提供精准化是指智能会计系统能够利用大数据技术搭建企业内外部信息数据库，在海量数据中精准识别有效信息，解决数据过载问题；管理决策智能化是指智能会计系统能够基于精准抓取的有效数据信息，智能构建符合企业经营特点的个性化模型，聚合海量数据进行模型化分析，提高会计控制和管理决策效率。

在作用方面，智能财务为现代财务工作提供了极大的便利，实现了财务流程自动化、整体优化和更新再造，对财务管理模式和理念进行了革命性变化，可以借助人机的深度融合实现新型财务管理功能。随着智能会计的应用逐渐成熟，以智能会计为核心的各种系统应运而生，这些系统多为企业服务，旨在实现提高企业效率、降低成本、增加效益、辅助管理决策的目标。智能会计能够利用多种高科技技术，如财务机器人、专家系统、神经网络等，极大地提高财务管理工作的效率，同时能做到工作内容准确无误，财务人员也可以有更多的时间处理其他事物。运用智能会计可以把公司富有价值的财务管理活动和传统的财务部门分隔开来，将其置于公司集团和业务层面，以此来解决在世界税收筹划和各种财务条例下产生的财务政策、多产品和多业态的预算分配及管理、良好的公司激励制度与绩效评估系统等。

智能会计是人工智能、商业智能与会计、企业管理结合而衍生的概念。智能会计是覆盖企业整个经营活动财务流程的智能化，涵盖三个层面：一是基于业务与财务相融合的智能财务会计共享平台，这是智能会计的基础；二是基于商业智能的智能管理会计平台，这是智能会计的核心；三是基于人工智能的智能会计平台，这代表智能会计的发展。需要注意的是，智能会计并不等同于会计机器人，会计机器人主要指利用人工智能技术代替过去需要人工进行的简单却高度重复的工作，如会计核算，主要目的是提高会计核算的准确性与核算速度。智能会计的核心是商业智能，商业智能是针对企业融合得到的大量数据，利用合适的筛选、查询、分析建模等功能进行数据的分析与处理。商业智能可以利用计算机快速运算的功能，及时、有效、准确、可靠地为企业管理者及其他信息使用者提供多样化、立体化的财务分析结果。智能会计的两大内容是会计核算与财务分析，而数据和分析是财务分析的两大核心，财务分析始于数据，重在分析。智能会计系统利用人工智能技术与大量企业电子化财务数据，为传统财务分析模型设立计算机模型，从而得出企业的经营分析诊断报告。

智能会计的应用要求企业构建一套智能化会计系统，将企业业务活动和财务活动相互联系起来，作为一个整体，实时监控各个环节，通过提供更加有效的数据，为企业内外部管理者提供有海量数据支撑、有科学模型测算的更加合理、高效的企业经营管理决策。

二、智能会计的特点

智能会计是传统财务会计与人工智能相结合的产物，智能会计借助物联网、区块链和大数据，从数据的取得、生成、处理到出具报告的整个流程层面进行把控，将其及时性、高效性、智能性强化了传统会计信息质量特征。同时随着会计智能化的深入发展，计算机技术的不断进步，以及互联网、物联网、区块链技术在企业购销等管理层面的应用进一步加深，智能会计呈现出去中心化、智能性、即时性、网络性、开放性、决策性和价值创造性等特征。

（一）去中心性

智能会计的去中心化主要表现为去信任性，会计信息真实对称。区块链在财务领域的应用为会计的去中心化提供了技术上的保障，使得信息不对称、财务信息造假状况大大减少，保证了财务信息的质量。

1. 区块链技术提供保障

区块链是一个分布式账本系统，基于一定的共识机制，采用多方决策、共同维护的方式进行数据的存储和复制。区块链技术具有高度透明、去中心化、开放性、信息不可篡改、匿名等特点。其中，去中心化是区块链技术的最显著特征。它不再使用中心化的硬件或管理机构，而是采用分布式核算和存储的方式，使得各个节点处于平等地位。每个节点都是中心，各节点之间相互独立，任意节点的交易者都可以参与区块链的网络链路，交易可以按照信息秘钥自由匹配，自动完成。同时，区块链技术拥有特殊维护功能的节点共同负责维护系统中的数据块信息，节点之间的数据只需按既定的规则进行交换。任何达成一致协议的双方可以直接交易，无须相互信息确认，节点间不存在欺诈的可能性，不需要第三方中介机构或信任机构背书，大大提高了交易的效率。不同节点上的独立单元既可以通过其他节点的相互验证保证交易的真实性和可行性，又可以降低信息丢失的风险。区块链的分布式结构能够在一定程度上降低信息不对称风险。此外，由于区块链技术的去中心化，攻击单个节点无法控制或破坏整个网络，因而确保了系统的安全。在"大智移云物链"的时代背景下，区块链技术在证券交易、电子商务、智能合约、物联网、社交通信等领域广泛应用，并且取得了卓越的成效①。

2. 传统中心记账模式弊端较多

区块链在会计领域的应用加速了会计的去中心化。传统的中心记账模式下，只有财务部门的人员有权限进行账务处理。任何办理业务的员工，只能将相关业务资料的原始凭证整理好移交财务人员，由财务人员统一审核记账。这种记账模式存在很大的弊端，财务人员不懂业务，可能会导致记账出现错误；财务人员对不了解的业务需要去咨询相关业务部门，业务部门为了减少在业财两部门来回跑的次数，将相关凭证累积到一定程度再移交财务部门等情况降低了工作效率，增加了财务人员的负担。

3. 财务共享中心的建立，实现财务的去中心性

企业财务共享中心的建立有效地解决了上述难题。财务共享中心重点在"共享"，而非按照原先的方式再建一个"中心"。财务共享中心借助基于共享理念、由众多节点共同组成的一个点到点的网络的区块链技术，采用分布式记账方法使得财务去中心化。企业由原来的财务记账到企业人人都可以记账，所有对业务最了解的员工将可以及时进行此业务的登记记账。节点上的员工只是通过节点（也就是智能财务终端）将原始凭证和相关材料上传，节点内部通过设定的程序（如与扫描设备相连接的数据读取程序）对凭证上的有效信息进行获取，在智能财务系统中自动进行会计处理并生成相关会计信息，系统自动完成账目处理和登记记账，并在完成后将相关信息上传至会计链条，只有得到一定数量的同级节点的认可之后，该数据才会上传至主链，形成不可篡改的区块链的一部分，提高了会计信息的真实性和准确性。此外，每个员工通过自己的节点将发生的账目上传到数据链条中，该链条上的每个节点的用户都可以查看该项信息，相较于中心化记账模式下只有财务人员或经授权的人能查看该项信息的情况，

---

① 刘朝阳. 区块链技术对会计行业的影响研究［J］. 财会学习，2019（21）：86-87.

降低了企业内部信息的不对称性，可以有效避免信息孤岛现象。

（二）智能性

智能会计之所以称为"智能"的会计，不仅仅表现在其将人工智能应用到了会计领域，还表现在实现了会计全流程的智能化（包括信息获取的智能化、信息处理的智能化、信息存储的智能化和信息输出的智能化四个方面）。

1. 信息获取的智能性

会计信息获取的智能性主要借助于物联网技术在会计领域的应用。传统的会计电算化系统在获取信息阶段仍然需要会计人员依据会计原始凭证进行人工录入，不仅存在输入错误的可能，也存在单据伪造的可能，而物联网技术的运用规避了这些风险。在物联网系统中，所有的采购进入企业的物品都会载有射频识别技术电子标签，企业通过该技术读写器将电子标签所载的信息导入仓库库存系统，库存系统与智能会计系统相连，信息也是共享的。这些商品在进入企业之后再进行深加工、出库、销售、毁损等环节时，发生的相应改变都会在电子标签上进行记录，并在会计信息系统中得以实时反映，减少了信息获取时的人为操作，提高了会计信息获取的效率和质量。

2. 信息处理的智能性

人工智能计算能力的提升以及大数据、云计算技术的发展解决了技术层面的难题，这些技术在会计领域的应用使得传统的账务处理不再需要人的参与，通过编写一定的程序，机器即可实现对会计核算、账务处理的自动化。例如，在企业成本核算方面，由于种种制约瓶颈的存在，标准成本核算法在传统会计中较难实现。会计信息化系统中采购模块和库存模块的有效合理设置，让标准成本核算法能够应用到企业成本核算中。大数据的应用使得系统可以根据采购产品的历史资料以及当前的公允价值测算出企业消耗该资产的标准成本，根据采购资料和企业在生产过程中的耗费计算出产品实际成本，并根据销售系统数据结转销售成本，在标准成本、实际成本均得以明晰计算界定的前提下，月末时系统可以自动将两者之间的差额在库存产品和售出产品之间按比例进行合理分配。

3. 信息存储的智能性

云存储为企业提供了海量的信息存储空间，提高了企业从外部获取信息的能力。云计算从本质上来说是一个用于海量数据处理的计算平台，网络服务提供者借助云计算瞬间即可处理数以亿计的数据信息。通过云计算，企业可根据需要随时随地从合作伙伴、供货商、代理商处获得相关会计数据，由于在云端直接实现数据的传递和索取，因而有效节省了公司本身的存储空间，效率也更高。

区块链技术的应用则大大增强了信息存储系统的安全性和保密性。区块链采取密码学中的哈希算法技术，利用哈希算法的输入敏感和冲突避免的特性保证区块链的完整性。区块链的任何客户端都可以保存所有的数据信息，即使某一端点的网络出现故障，在其他节点中仍能够查询到数据副本，不会影响整个会计信息系统的正常运行。

4. 信息输出的智能性

智能化出具财务报告。可扩展商业报告语言能够依据财务信息自动生成财务报表和简单的财务分析报告，并将财务报告内容分解成各种不同的数据元，赋予唯一的数据标记，实现了财务报告标准化。财务报告信息的标准化处理有利于实现其跨语言、跨平台、高效率和低成本利用。也使财务信息可比性、相关性、及时性和可获得性得以提高，信息交换成本得以降低，从而使得财务相关信息能够方便地使用，也在一定程度上降低了信息供给成本，提高了财务报表编制效率。

（三）即时性

第四次工业革命的深入发展，对会计行业产生了多方面的影响。大数据、云计算带来了技术上的变革，也使得会计信息获得更加及时性，信息的时效性更强。

1. 会计对信息的即时性需求

会计信息具有一定的时效性，需要企业及时收集、报告和处理各事务和交易中心产生的信息。传统会计的及时性要求对发生的交易或事项进行及时的确认和计量，不得提前或延迟确认，但其对企业整体上的数据很难实现即时出具。传统方式下，数据一般是在业务发生或者已经完成之后才进行处理，如果企业管理层想要查看本月度经营状况，则需要会计在完成本月度全部数据的记账并进行结账之后，才能得到相应的数据，财务数据获取的即时性得到限制；同样，对财务信息的及时应用和分析也存在很大障碍，需要财务人员花费很大精力去对报表相关数据进行计算整合，对相关财务指标进行分析比对。

2. 数据获取和处理的即时性

新技术在财务领域的应用给财务会计在会计信息的采集处理方面提供了极大的便利。物联网技术实现了信息实时共享，物联网条件下的会计信息处理系统可以在业务发生时就获取以及更新数据，保证了数据的及时性，当会计信息发布时就可以及时了解相关信息作为参考，使企业在最短时间之内做出最正确的决定。技术的应用节省了会计信息在传播和加工方面的时间，让会计信息能够被及时地归纳整理，并根据相应的数据模型及时出具相关的会计分析报告，使得会计信息的获取更加便利，对会计信息的利用效率更高。

3. 信息变更和报告的即时性

在智能会计时代，企业对财务数据的需求能够得到即时的满足。区块链技术的应用突破了传统会计的会计分期假设，倘若管理层需要某一方面的数据信息，只需要对相关信息进行选中，并根据系统提示进行操作，即可得到企业即时的数据，不必等到月末结账就能看到企业的有关经营的信息。例如，现代销售平台和销售方式多样，企业发展更为迅速，特别是规模较大的企业，其产生的交易更为频繁，通过以互联网大数据为支撑的智能会计，企业各部门在前端销售采购进行数据录入，集团总部财务在当天便可得到整个集团的财务数据，在传统会计时代，这几乎是不可能的。大数据技术在会计方面的应用使得会计信息可以被及时地处理，并形成较为直观的结果为管理层应用，会计信息的及时性加强。

（四）网络性

网络化的发展给企业带来了充足的信息流，上下游之间的链接、不同部门之间的密切配合都离不开网络的发展，企业的网络化推动会计在网络层面的变革与发展。智能会计的网络性主要表现在以下三个方面：

1. 以移动互联网为基础

计算机网络技术和云计算的发展为大数据、物联网技术的实现提供了可能，互联网的普及，大数据、云计算、物联网以及与物联网等相关智能设备的使用，为会计的智能化提供了外在的技术条件。通过互联网，企业的生产销售采购所产生的数据能够直接通过智能设备读取，并将其进行自动化处理上传至企业云端，企业与客户和供应商之间的关系也可通过大数据进行分析。基础信息的采集智能化、信息处理智能化、对已有信息进行分析，为企业智能财务的会计信息数据获取、智能化账务处理、生成财务报告并分析以及将智能会计生成的信息，通过网络实现共享提供了技术上的支持和保障。

2. 企业生态网络

随着互联网和移动互联网的普及，商业元素间的可连接性大大增加，打破了原本栅格分明的商业关系：行业边界趋于模糊，企业竞争与合作范围无限扩大，我们进入一个"无疆界"的竞合时代。在这样的背景下，疏于连接的企业即使核心竞争力再强大，也可能面临被边缘化的危险。要在新的环境下生存和发展，企业须撬动自己所在商业生态圈的价值。

企业生态圈是指企业与其上下游企业以及投资机构、咨询机构、政府等组成的社会网络结构，每个企业都是其社会网络的一个节点。如同生态系统中处在各个不同位置的生物一样，每个企业在全球/全国的经济系统中都有自己的位置。生物之间由于捕食与被捕食关系形成食物链条，企业与上下游客户和供应商之间形成了生产链条；每种生物的食物不止一种，又被多个捕食者捕食，食物链的错综复杂形成食物网，企业的供应商和客户都不止一家，企业的供应销售链条交错形成了企业的关系网络；在生态系统中还包括不直接参与食物链的细菌等分解者和阳光、水等自然资源，在以企业为中心的生态圈中，除了与企业生产有直接关系的供应商和下游客户之外，还包括不直接参与生产的部分，如以银行为代表的金融机构、以税务机关为代表的政府部门，以及科研和咨询机构等，企业间的信息流沿着企业的社会关系网络，随着物质资料生产的转移实现在不同主体之间的流动。生态圈并非固定的，而是具有一定的流动性和开放性，并随着企业的发展和交易范围的扩大而不断发展壮大。

智能会计时代，企业不再是一个孤岛，仅凭一个企业的单打独斗无法实现更好的发展。企业生态圈的构建，圈内的技术和数据信息共享，企业获得信息的网络化增强，数据之间不再是单纯的线性关系，各个数据之间的联动关系增强。通过与上下游企业以及关联企业和有关机构，建立一个适合自身发展的企业生态圈，能够增强企业的外部协作，将物联网与智能会计系统融合，提高企业与价值链上各企业之间的协作效率，有利于提升整个价值链的竞争能力。

3. 企业内部组织网络

财务不再是一个以财务部门为中心的机构，其他部门和财务部门之间的关系也不局限于报账，财务会通过数据分析业务部门的成本与绩效，业务部门的数据关系到财务分析的准确性，企业的每个部门都是组织关系的一个节点。物联网技术的发展淡化了部门之间、企业之间的边界，为会计信息资源的共享和整合提供了条件。部门之间的信息共享既提高了会计业务的处理效率和质量，其他部门也能随时查看与本部门相关的会计信息，形成相互支持的协作模式。

（五）开放性

智能会计时代，云计算、大数据、人工智能等科学技术的应用使得企业实现了万物互联互通、信息共享，也使得组织边界柔性化、模糊化。

无边界组织是一个灵活的有机组织结构，在同一组织目标的引导下，组织内部的各部门和各职能之间密切联系配合，实现信息即时开放共享，调动一切资源以完成企业目标。无边界组织既包括企业内部各部门之间边界性减弱，也包括企业整体与外部组织之间的边界被打破。

1. 企业内部部门间的开放性

企业内部部门之间的边界主要是指组织内部纵向的管理层级之间的垂直边界和由分工带来的组织内部横向部门之间的壁垒。智能会计时代，财务和业务进行衔接，打破了部门之间的壁垒，增强了数据之间的联通。企业实现对业务数据、财务数据进行一体化归集，以跨部门、多类型报表数据的共享和透明展现，透视集团各个单位业务流、资金流和信息流。会计的智能化方便了企业财务处理，简化了账务处理流程，企业组织结构扁平化，各部门的数据信息通过智能会计系统直接上传至企业的智能财务共享中心，通过共享中心的数据，对全集团经营数据进行追溯及原因分析，初步形成对集团经营活动的动态监控和过程管控能力，提高企业资源配置效率，降低部门之间的信息不对称，沟通的便捷性增强，有利于提升组织效率，降低交易成本。

2. 企业同外部主体间的开放性

企业整体与外部组织之间的边界主要是指产业链上下游、金融机构、税务以及具有其他相关性的不同类型的合作伙伴，如供应商、渠道商以及外包服务商等。区块链和物联网在财务领域的应用为打破企业的外部组织边界提供了技术上的支持，物联网技术可以加深企业与供应商、金融机构以及会计师事务所之间的联系，实现信息共享，使有限的资源产生更多的利用价值。通过区块链技术对涉及商业机密的数据进行加密，企业可以将该系列的区块链设置成私有链，不予公开和授权。通过区块链的加密技术，可以实现参与同一交易过程的各方之间对该项交易信息的开放共享，同时该项交易数据对不参与该项交易的企业来说只是一个加密的信息。

智能会计系统实现的是一种全面共享，包括整个企业对于智能财务相关平台、智能财务相关数据、智能财务相关人员和智能财务相关组织的共享。

（六）决策性

智能会计信息的决策性主要表现在智能会计系统通过提供高质量的财务会计信息，包括但不限于使得会计信息更加准确、相关、可靠以及提高信息的及时有效性，为企业的经营管理决策提供支持。

1. 财务信息质量提升

智能会计通过物联网、大数据、区块链等技术，强化了传统会计信息的质量。大数据技术使得会计信息能够及时获得和处理，区块链技术的使用提高了会计信息的相关性和可靠性。区块链技术由于其开放透明等特性，可以最大限度地防止信息篡改，保证会计信息的质量。大数据可以提升会计信息的真实性和完整性，很多数据的获得所使用的样本，从原来的抽样样本转化成总体样本，数据缺失、片面的可能性减少，会计工作人员自身的主观性和能力差异对数据的影响减少，会计信息更加客观和真实[①]。

2. 数据间的关联性增强

在物联网环境下，可以将存有物品信息的电子标签带到产品入库、销售出库等环节之中，设备就可以自动识别物品，将与其相关的信息同时提供到数据仓库，大大增加了数据的关联性，增加分析价值。财务报表所呈现的不再仅仅是一个数值，数字之间的联系也不仅仅是报表的逻辑层面，由于物联网和区块链技术增强了报表数据的可追溯性，企业可以通过数据实现对企业经营数据进行追溯及原因分析，形成对企业经营活动初步的动态监控和过程管控，为管理层决策提供重要保障。例如，通过对企业成本数据的分析，企业可以追溯到该项目数据发生的时点，发现企业在成本管控中存在的问题并从根源上提出解决方案。

3. 个性化财务报表

财务报表即时出具，多样化、个性化的报表为决策提供支持。智能会计时代数据的即时性打破了传统会计对于会计分期的假设，可以根据经营管理的需求即时出具会

---

① 马喆. 大数据对会计信息质量特征的影响 [J]. 当代会计，2019 (24)：21-22.

计报表，并按照设定的程序对报表进行简单的分析，一些简单数值、比例、趋势等分析可以由系统直接出具并呈现在财务分析报告中并形成直观的图表展示，管理层可结合企业发展目标，经营管理策略对该数据加以运用，让数据支撑企业决策。

4. 财务部门主动发力

财务部门应发挥各类数据的汇集地的这一优势，深入研究业务活动，与业务部门积极配合，主动延长工作链条，全面渗透到业务活动各环节，加大数据搜集、整理、分析、挖掘力度，为企业战略决策提供数据支持和合理化建议。全面整合集团管理、业务及市场数据，打破专业、部门壁垒，实现财务、业务、资源基础数据的深度关联。在此基础上，对企业数据进行多维度分析研究，深入分析集团财务状况、管理情况以及经营绩效，为业务发展提供服务和保障。

（七）价值创造性

智能会计的价值创造性一方面表现为智能会计借助人工智能以其高效率和准确性相对于传统会计而言极大地降低了企业的成本；另一方面，从冗杂的记账工作中解放出来的财务人员对智能财务系统出具的财务报告进行深入的分析和运用，深入挖掘企业底层数据的价值，为企业决策提供有力支持。此外，智能制造和智能财务相结合，提高了企业资源配置的效率。

1. 降低传统会计成本

智能会计系统实现了整个业务流程的智能化，人工智能在信息处理方面有着人类难以比拟的优势。人工智能具有强大的学习与计算能力，能快速地将数据自动进行整合分析、深度学习，也能通过对已有数据的分析结果做出预测、调整。并且在计算和测量的效率和准确性上也远超过人类。此外，人工智能可以 24 小时全天候工作，且维护成本相较于传统对于会计人员的支付等费用相对更低。智能会计时代会计的高效率、低成本以及高准确性降低了决策风险，成本的节约本身就是一种价值的增值。

2. 会计人员价值创造

人工智能技术是科技与经济发展的必然产物，智能会计的到来并不意味着财务人员被完全替代了，相反，人工智能技术作为一种辅助工具帮助财务会计人员更高效地工作。财务机器人所擅长的是数据整合、语义情感分析和报告生成，可部分地替代传统会计人员的核算工作，使财务人员可从繁琐的会计核算工作中脱离出来，减轻了会计部门原有的核算压力。智能会计时代，财务部门人员更多地需求是复合型、高端型、管理型人才，财务人员由财务信息的搜集者与提供者转换为信息的解释者和咨询者，由为多项任务、交易导向活动提供信息转变为业务部门提供决策支持和信息分析。这就要求财务人员具有良好的沟通协调能力，能够与企业的营销、采购、技术和经营管理人员保持良好的合作关系，综合运用财务系统与业务信息，能够及时发现企业业务中存在的问题和风险，为问题的解决提出创造性的可行方案，发现企业资源配置中存在的问题并提出优化建议，发现新的利润增长点，为企业创造价值。

3. 提高资源利用效率

与智能制造相结合，实现资源优化配置。物联网为智能财务系统对企业生产制造的价值创造提供了技术上的基础。物联网使得"物物互联"成为可能，借助于物联网，企业实现了对所有原材料、产品、设备的实时、动态控制和记录，企业可以根据需要获取生产经营的各种实时信息，加强对物资的管理效率，提高会计核算速度，真正做到经营管理过程的动态化控制。企业通过智能会计系统联合企业库存、销售、采购系统的信息，对企业合理的库存和生产量进行测算，从而达到从财务端对企业采购生产销售整个流程的把控，实现零库存甚至负库存；利用技术工具有效监管，更好地控制数据流，实现全面的内部控制与监督，为管理者的决策提供数据依据；降低库存成本和资源的内部消耗，提高企业资源配置的有效性，有利于企业的进一步发展。

4. 发现企业价值增长点

业财税管深度融合，为企业管理助力。智能会计系统实现了企业中业务、财务、税务和管理的高效融合，以及财务专业分工、各级财务组织，业财税管各部门之间的深度协同。智能会计系统使得交易数据和过程数据的采集更细微，借助智能化的预测和管理系统可以实现基层业务单元层面和流程环节层面的精细化管理。在已有数据的基础上，可以借助大数据处理技术，分析企业的融资弹性，按照既定企业成长模型分析和预测企业发展路径。

对企业整体进行分析。智能会计系统能够通过分析企业以前年度数据，和行业性数据横向对比分析，找出企业发展存在的问题，通过数据分析指出解决问题的相关可能措施，指导和完善企业管理；通过对企业基础数据的分析，关注企业自身政策、外部上下游产业链数据的变化、整个行业发展环境的变革，利用人工智能实现对企业的智能化分析，帮助企业发现新的价值增长点，开发新的业务，使企业不拘泥于某种特定的行业或业务，增强企业的抗风险能力，提升企业整体活力；通过不断地深入学习和系统分析，找出企业发展的突破口，在管理和实践中不断优化该项业务，提高企业竞争力。

第三节　智能会计的功能

智能会计的功能和需求之间是紧密联系的，功能的变革是为了满足使用者对会计财务信息的需求的。同时，功能又是智能会计系统子模块要实现的目标，对会计的需求推动着子模块和系统的不断完善和进步。传统的财务管理模式无法满足财务信息使用者对于财务信息的个性化需求，呼吁智能会计系统在功能上实现突破和创新，新技术的迅速变革和应用为智能会计的进一步发展提供了技术上的支撑。智能会计是传统会计核算管理在"大智移云物区环"技术支持下实现的新发展，但从实现的效果来看，又不仅仅是新技术与传统会计的简单结合，智能会计系统在传统会计的基础上，通过新技术的支撑和链接，促成企业财税管深度融合，透过企业财务数据，掌握企业全流程的基础信息并对其进行分析，分析企业在发展中出现的问题和机遇，促进了企业管理的智能化历程；智能会计系统突破了传统会计在时间和空间上的局限性，使会计向业务和管理层面进一步延伸，实现了"1+1>2"的效果。

一、智能信息获取

智能设备的出现和应用解决了智能会计的数据来源问题。随着科技的进步和现代信息技术的发展，通过互联网、工业物联网和大数据等将企业各个方面的信息实现信息化、数据化。

物联网包括感知层、网络层和应用层，通过计算机网络，把传感器、人和物等连接在一起，从而达到信息化和智能化，其中物联网的感知层从源头上解决了会计数据信息化的问题。感知层是物联网的核心层，主要作用是感知并收集外部信息。该层主要由 RFID、传感器、摄像头、读写器等各种智能感知设备构成，能够感知信号、对物体进行识别，并将识别的信息通过传输系统进入数据分析处理阶段。此外，还能够将数据处理系统的信息指令转化为相应的动作指令，控制相关设备的完成动作。

射频识别技术的应用解决了会计信息数据的来源问题。射频识别技术是一种"电子标签"，它通过射频信号来识别对象并获取数据，识别过程无须人工干预的自动识别技术。而且该技术操作快捷方便，高速运动的物体和多个标签均同时能够被识别。射频识别技术标签进入该系统天线工作范围，射频识别技术读写器通过其发出射频信号，标签遇到该信号即产生感应电流从而被激活，经由标签内置天线，存储在电子标签芯片中的物品编码信息被发送出去，读写器对标签发送来的载波信号进行解码，然后送到后台系统处理，根据运算判断结果，在后台系统可以进行各种业务数据处理。通过射频识别等技术手段在瞬间就可以完成从实物信息到会计信息的转化，这些获取的信息通过传输进入会计核算系统，并随产品生产在系统的数据流流动。

会计信息的标准化使得该技术电子标签的应用性增强，提高了会计信息来源的质量。传统会计信息系统在信息获取阶段仍然需要会计人员依据会计原始凭证录入，这样不仅在输入时可能会产生错误，也存在伪造单据凭证的可能性，物联网技术的运用则规避了这些风险。在智能会计时代，企业所需的产品物料在进入生产之前，就具有了原生产厂家赋予的丰富信息，包括产品物料的通用名称、外形、体积、规格、质地、产地、产生批次、产生流程、产品编号和原产厂家信息等，这些信息以数据的形式存储在射频识别技术电子标签内，并嵌入或者附在相应的产品物料之上。企业在采购时，伴随着产品入库，这些标签所存储的信息将会随着产品进入企业而进入会计系统，产品和设备的出库、运输、采购验收入库等环节都能在购销双方的会计信息系统中得以实时反映，减少了会计数据的人为操纵。

保证上述产品流和信息流统一的关键在于每个物品所载的射频识别技术电子标签都是标准且唯一的，电子标签所载信息的标准化是实现不同生产企业之间信息互联互通、解决会计信息孤岛的关键。这就要求相关数据在该技术电子标签内的存储形式是全行业统一的，且不存在对于同一标签的不同理解上的偏差。统一的电子标签的设立标准自然形成对该标签的统一解读，解决了对同一标签不同的解读问题，使得同行业不同企业之间的信息可理解性更强，物品在不同企业之间的流通不再需要专门的解码软件，有效降低了信息获取的成本。

数据信息交流均随物品流转而自动进行，使业务数据能及时准确的获得。伴随产品物料的流通传递，上述产品物料相关的属性特征可能会在人为或不可抗力等因素的作用下发生改变，如作为原材料参与企业生产并被进一步加工成新的产品或作为固定资产被使用，这些属性的改变过程也会被记录存储下来，同步传输至企业的会计信息化系统，被数据库动态识别、完整读取和即时处理，实现数据的实时更新和传输。对于数据存储量大的标签，能够记录在物品流通的每个环节的信息，原材料主要包括采购、入库、加工生产、生产成品并入库、产品出售以及损耗，固定资产主要包括入账、折旧、减值和报废等，包括财务和非财务方面的信息。大量相关数据的存储，有效解决了会计数据源中的数据的完整性问题，会计信息的可追溯性增强。

物联网的感知层和射频识别技术电子标签实现了对海量基础数据的搜集，物联网的网络层、大数据和云端数据库则实现了随着产品的流动，不同企业之间的数据的存储和共享，以及最终数据的计算和处理。但孤立而纯粹的数据是没有价值的。只有将企业获得的数据应用到具体的、带有不确定性的业务场景，为决策提供数据支持，为企业发展赋能，数据才能体现出真正意义上的价值。

二、智能数据处理

智能会计系统将已获取形成的数据库的数据导入会计处理系统，对数据进行会计智能化处理，自动生成企业的财务数据、预算数据和纳税申报数据。

（一）智能生成企业财务数据

智能会计可以利用大数据处理技术对采集的数据实施进一步的加工处理，并按照特定的企业模型将不同的业务按照符合企业实际情况的会计处理方法进行业务处理，编制记账凭证，根据银行流水等数据编制银行存款日记账，并依据会计准则和财务报表编制规则将科目的对应数据实时同步到企业的财务报表中。此外，智能会计系统每月可以根据银行给出的对账单数据与银行存款日记账进行快速核对，对存在未到账项目的同时，生成银行存款余额调节表，若余额调节表仍不能实现银企金额一致，则系统会将此类消息通过给相关人员发送邮件的方式告知，由主管人员对该不符事项进行处理。

（二）智能预算编制

企业预算包括经营预算和财务预算，智能会计系统存储了企业历年来的产销数据、资金规模、成本费用和投资利润等信息，凭借其强大的数据处理功能，可以为企业预算的编制形成精准的数据支撑，提高预算数据采集的效率和质量。机器人学习除了输入数据的处理和掌握之外，机器人还可以像人一样学习，做出判断并进行决策，基于历史训练形成模型，利用模型形成预测、解决问题。机器人通过在设定的模型中利用已有的数据不断地测算分析，进行深度学习，运用数据的聚集效应和数据之间的关联关系来寻找数据本身蕴含的经济规律。结合行业发展的数据，对企业未来发展的预期，以及企业内外部发展环境，智能会计系统可以评估企业未来发展，按照一定的预算编制模型，生成企业全面预算。对可能采取的方案通过剧增的数据、预测性的分析工具，可视化的展示，进行预算模拟，利用大数据和模型推演出可能的结果。同时，从结果开始反向逆推，关注企业各层级与之业务态势，实时掌控变化。由于智能会计系统中数据的可追溯性，使得在预算执行过程中的可控制性增强，对于出现预算偏差的相应处理的针对性更强；对预算执行过程中出现的不可抗力影响企业预算或企业外部客观环境发生变化时，可以及时对预算进行调整。

（三）智能税务处理

智能会计系统可以根据企业发生的应税事项，智能开发票并进行相应的账务和税务处理，根据税务系统的要求自动生成纳税申报表，按照税法的有关规定在合理期限内进行纳税申报。智能会计系统实现了财务数据和纳税数据的统一，能够减少企业为了少纳税而进行虚假纳税申报以及财税"两张皮"的状况，为了实现首次公开募股而大规模虚增收入的行为也能实现一定的监督和控制。此外，机器学习相对于人的学习有着难以超越的优势。首先，通过输入相关政策法规，系统就可以对政策法规形成完整的掌握，比人类的学习更快、更准确，在遇到符合政策条件的匹配上，机器可以通过测算快速地选出更为有利的政策，人脑可能会存在一时间想不到相关政策的问题，对新政策的学习和掌握也需要一定的时间和成本。智能会计系统能够根据企业的实际情况实施智能税务筹划，帮助企业合理避税，在企业符合税收优惠条件时，能够及时使用优惠政策对相关业务进行处理，当企业满足两个及以上税收优惠条件时，企业可以设置默认选择最优惠的政策或者让系统给企业税务人员发送邮件，有管理层结合系统出具的详细数据报告，合理选择本企业使用的税收优惠政策。

三、智能财务分析

随着信息化智能化在会计领域的不断应用，财务分析在内涵、方法以及结构等方面不断向外延伸，除了传统的指标数据分析之外，在财务分析领域也考虑企业非财务指标、政策环境等对企业的影响。此外，财务数据的可追溯性使得财务数据分析的价值和意义增强，从财务追溯到业务层面，便于企业对预算等做进一步的管控，关注数据资产的价值。

（一）企业财务数据分析

智能会计系统除了可以对企业财务数据进行传统的财务分析，如运用杜邦分析法、哈佛财务分析框架等通过企业的资产负债表、利润表等相关数据计算企业的资产负债率、流动比率以及资产收益率等来对企业的营运能力、盈利能力、偿债能力等进行测算分析，还能够将企业的非财务数据信息化并按照对企业影响程度分大小赋值，当某项指标超过了企业预设的报警值时，可以向管理人员发出预警信息，提醒其关注相关的风险。该方面的财务分析是智能会计系统根据事前输入的模型自动计算生成的，在管理者需要的时候经授权后可以随时调取。

此外，智能会计系统已将大数据与智能制造、工业互联网相结合，企业实现了业财税管的一体化，使得企业可以从财务数据追溯到原始业务数据。企业对财务信息进行深层次分析，不再囿于具体的财务指标数据，而是通过物联网大数据，实现业务场景交互，推进生产制造智能化升级。通过分析整合产品数据、制造设备数据、订单数据以及生产过程中产生的其他数据，显著提升生产控制的准确性，大幅度增强生产制造的柔性化水平和协调度。大数据是企业发展的核心要素之一，企业通过工业大数据来提高资源配置效率，提高市场响应能力与应急保障能力，优化生产方式，促进供需匹配与创新，减少浪费、降低成本，增加透明度、提高产品质量，提供更多个性化产品与服务，提高企业生产率和竞争力，能够促进经济迅速发展。

（二）挖掘数据资产价值

数字经济的发展带来极为庞大的数据流，获取数据和将数据转化为数字智能已经成为企业竞争力的关键。数据是一种重要的资产，利用财务信息和挖掘到的企业或行业的底层数据，对企业业务整体进行分析和预判，多个代表性的企业数据的联合分析构成行业发展分析。通过分析，充分挖掘数据资产的价值，发挥数据资产对企业的价值，实现企业价值最大化。

近年来，随着数字经济的进一步发展，出现了数据资产化和资本化的概念。数据资产是指企业在生产经营管理活动中形成的、可拥有或可控制其产生级应用全过程的、可量化的、预期能给企业带来经济效益的数据。数据资产化的过程，就是实现数据可控制、可量化与可变现属性和体现数据价值的过程。数据资本化，就是通过数据交易和数据流通活动将数据资产变为资本的过程，是通过对数据资本的利用为企业带来资金的过程。但不管是数据的资源化、资产化还是资本化，都表明企业的数据是有价值的，只有对其进行深入的挖掘与剖析，并将其与企业实际相结合，才能充分发挥其价值。当前，数据已经渗入各行各业，逐步成为企业不可或缺的战略资产，企业所掌握的数据规模、数据的鲜活程度，以及采集、分析、处理和挖掘数据的能力，决定了企业的核心竞争力。

分析挖掘数据资产的价值。企业的资产、存货和人际关系等都是企业发展的能源。同样，企业数据，不管来源于企业内部（内部主要是企业自身业务发展和日常活动形成的数据）还是外部（外部主要是与上游供应商和下游客户之间的数据共享以及公开数据库），都是企业成长的能源，智能会计系统借助大数据、物联网把这些企业的数据挖掘出来，并利用系统分析的方法对所获取的企业底层数据进行分析和利用，为企业发展助力。例如，企业可以对客户进行画像，根据客户企业所在的地址信息，合理安排提供售后服务或物流的时间和顺序，使得企业既能够达到高效配送又可以节省人力物力和时间。

智能会计除了能够对企业数据进行分析之外，还可以突破企业间的界限对数据进行分析，形成行业性的发展报告，若干不同类型的行业数据之间的结合，汇总能够展示整个地区经济的状况。该报告的形成可以使得企业更好地了解所在地区和行业的发展状况，同时也为政府等相关部门的决策提供数据支持。

四、智能数据共享

智能会计时代会计的目标之一是为报表使用者提供决策有用的信息。此处的报表使用者主要是指企业外部的报表使用者，包括外部投资者、债权人、潜在的投资者和债权人、供应商、政府及其机构、雇员和工会、中介机构等，不同的使用者对报表信息的需求不同，对企业信息的开放程度要求也不同，实现企业财务数据共享，提供差异化信息服务可以有效解决这一问题，有效增强财务信息的可理解性和决策性。

企业与外部报表使用者共享企业财务信息，通过区块链技术对信息进行加密，只有在取得不同的数据读取权限时，才能够真正地接触到企业数据，既保障了企业数据的安全可靠性，也使得数据在企业信息使用者之间实现共享。此外，智能会计时代，会计信息的即时性、开放性、去中心化等不断增强，有效降低了外部信息使用者和企业之间的信息不对称，减少信息孤岛问题，使外部使用者能够更好地了解企业信息，及时发现影响其决策的因素，并做出应对。

（一）投资者

对于投资者而言，企业的财务报告既要反映受托责任的履行情况也要能够为投资者提供对决策有用的信息。智能会计时代，物联网、区块链技术的应用使得财务造假难度加大，财务数据智能化处理降低了信息处理过程中会计人员主观判断导致的偏差，会计信息的可靠性增强，对受托责任履行状况反应的真实性增强。相较于反映企业过去经营和责任履行情况的财务报表，投资对企业未来的发展的关注度更强。传统会计出具的财务报告反映的是企业过去的交易事项形成的信息，缺少企业发展潜力信息的预测，难以满足投资者的需求。智能会计时代，智能会计系统可以将企业自身发展数据与行业数据分析比对，结合企业发展的宏观经济环境以及自身发展战略，形成对企业未来发展的预测报告，并结合图表数据形式出具并配以文字解释，更好地满足投资者对企业信息的需要。通过企业未来发展的预测报告，形成对企业发展的初步判断，为投资者的投资决策提供有力的数据支撑。

（二）债权人

债权人是指银行等金融机构借贷人和供应商。他们或者给予了公司贷款，或者为公司提供了存货物资和设备。债权人相对更关注企业的发展状况，以及企业是否有充足的资金偿还债务。为决定是否给企业贷款，要分析贷款的报酬和风险；为了解债务人的短期偿债能力，要分析其流动状况。银行、信托等金融机构对企业资信进行评价，以及贷款额度的确定都依赖于报表数据。传统会计时代，债权人对企业信息的掌握主要包括企业公布的财务报告和企业在银行的信用状况，而对企业内部数据的了解较少，对企业的预测和判断难免形成偏差。智能会计时代，可以根据大部分债权人的需求，形成面向债权人的专项报告，形成企业的借贷关系网络图和投资者结构图，结合企业内部数据对企业的偿债能力进行分析，而不仅仅依赖资产负债表等财务数据形成的对偿债能力的指标性分析，关注企业未来的发展。潜在的投资者和债权人关注企业未来发展潜力，有吸引力的投资项目，发展潜力高的企业往往更能获得融资。

（三）供应商

供应商向企业及其竞争对手供应各种所需资源，包括提供原材料、设备、能源、劳务和资金等。供应商把东西卖给公司，关注交易是否能足额收回资金，关系到供应商对企业选择何种结算方式，是否采用信用付款（包括应收账款、应收债券等）。买方企业的经营是否良好对卖方企业给出的信用政策有很大的影响，当企业的现金状况不佳，企业的经营能力一般，销售难以为企业带来充足的现金流时，供应商一般会选择减少或者不采用信用收款。他们通过分析来判断是否能与企业进行长期合作，了解销售信用水平，并决定是否对信用政策进行调整。传统财务报表呈现的数据对企业真实的经营状况的反映是有限的，而且是间接的，需要对数据进行分析整理才能得出相关结论，阅读性和可理解性较差。智能会计时代，可以直接将企业与经营有关的现金流、企业销售能力分析，以及企业的原材料需求信息结合起来，对企业的整体状况进行分析，形成专门针对供应商的报告，满足供应商对本企业的信息需求，为供应商的决策提供支持和帮助。

（四）政府机构

政府及相关机构要通过财务分析了解企业纳税情况、遵守政府法规和市场秩序的情况、职工收入和就业状况。这些在传统会计报告中很难有直观的呈现，需要对企业财务报告进行分析和比对才能得出相关数据。此外与企业直接相关的政府及其机构主要是税务部门，但由于会计核算和税法对企业所得等计算差异的存在，长期的财税分离，很多企业会出现财税"两张皮"的现象。财税"两张皮"主要是指企业给税务机关的财务报告和给投资者的财务报告两者表现的企业的经营绩效存在较大的差距，美化给投资者和债权人的报表吸引投资，"丑化"给税务机关的报表以达到少交税的目的。智能会计时代，企业应纳所得税等数据由智能会计系统自动计算得出，并依照法规进行纳税申报，减少了申报过程中的人为操作。智能会计系统还可以按照企业的纳税情况出具企业纳税报告，企业员工的职业收入和就业情况也会在所得税纳税申报明细中呈现，方便了政府部门及时了解企业的情况。

（五）雇员和工会

企业的雇员和工会要通过分析判断企业盈利与雇员收入、保险、福利之间是否相适应。智能会计借助区块链使得财务信息可被经授权的节点上的员工读取，极大地降低了雇员和企业之间的信息不对称问题。员工可以在系统选择与收入保险福利以及企业盈利有关的信息，利用大数据分析，排除掉非相关信息，筛选出决策有用的信息，从而为工会对企业福利发放标准的判断提供数据支撑。

（六）中介机构

智能会计系统为中介机构了解企业提供可靠性较高的数据支持。这里的中介机构主要是指券商、审计等对企业财务数据要求较高的机构。区块链技术打破了原有的财务报表编制方式，将企业每一笔真实的交易信息按照时间顺序排列成一条数据链条。区块链的去中心化监督模式与信息透明化保证了数据链的真实性与准确性，能够自动披露应公开的信息。审计人员可以通过企业相关部门的授权获得全部交易数据，不存在企业刻意隐瞒重要信息的风险，提高了审计的效率。

五、智能风险管控

智能会计将要实现的是业财税管一体化，业财税一体化只能帮助完成基础的会计工作，出具会计报表，但并不能真正实现企业的创造价值。从财务报表提取数据，通过报表数据延伸到业务层面，所取得的数据能够为决策提供依据（管理），才能为企业发展创造价值。企业管理的出发点是从财务数据出发，利用财务呈现出的数据和指标，穿透到业务数据（如销售数据），对企业业务层面的决策需要整体数据的支持。管理涉及企业的风险问题，风险是管理的核心。智能会计系统的风险管控功能主要表现在三个方面。

(一) 风险预警

智能会计系统可以通过人工智能技术对专家决策系统进行优化，通过深度学习算法建立风险预警模型，对财务数据进行长期跟踪，以便及时识别财务风险，化解安全隐患。财务报表不同科目之间的数据是有一定的钩稽关系的，设立相关比率的风险预警值，例如财务指标（资产负债率、营运能力指标等），当该项指标偏离企业预设的合理范围（该合理范围可以由企业根据同行业规模水平相当的企业，并结合企业自身发展特质来确定）的时候，系统会自动向企业发送风险预警信息，提醒管理层关注该项风险，并注意此类信息可能会对企业产生的不利影响。对于应收应付款项和其他应收、应付款项这类相互之间联系紧密的报表项目，依据该项目涉及的内部数据之间的关联，设置预警值，把报表项目呈现的信息分析到具体的业务执行层，从具体业务层面来实现风险管控。

(二) 风险评估

智能会计通过建立不同的企业分析模型，对企业数据进行评估，并出具风险评估报告。例如，智能会计可以根据设定的指标体系，对企业发票、纳税数据、营业收入支出情况以及是否有异常扣税等进行分析。系统能够根据管理层的需要自动对企业的涉税风险进行评估，并出具企业涉税风险监测报告。风险管控模块仅限于把企业可能存在的风险分析出来，并把分析结果反馈到企业层面，而依据风险评估结果对企业实际发展情况进行判断，是否需要采取进一步措施来预防此类风险，以及采取何种措施，则需要企业专业会计人员做相关的职业判断。

(三) 风险控制

企业对风险的控制一方面表现为通过特定的技术手段减少造假。如智能会计系统利用物联网技术通过特定的技术从实际业务中读取数据，利用区块链的算法和程序实现对数据的控制，从而减少数据在获取和传输层面的造假。在企业取得相关原始凭证之后，通过智能会计系统预设的凭证类型对凭证进行录入分析，自动生成记账凭证；同时，系统实现了与税务系统的对接，把发票融入业务系统，将发票信息化，减少了企业做两套账的概率。另一方面是加强岗位之间的相互监督，智能会计系统的红色预警功能便承担了此类角色。当企业出现风险如适用不合适或过时的会计政策时进行报错，即时向相关工作人员和财务主管发送预警信息，使出现的问题能够及时让相关负责人员知晓，当得到恰当处理时，系统恢复日常工作状态，绿灯常亮；倘若该项风险事件未能得到及时有效处理，出现黄灯，并会再次向负责人发放预警信息；逾期（处理的时间限制可以由公司人员自行设定）仍未处理的，红灯警告，直接由系统通知管理人员。

六、智能决策分析

智能财务对传统财务工作的延伸，包括在资金管理、资产管理、税务管理、预算管理、成本管理、投资管理和绩效管理等方面的精细化和前瞻性，将大幅提升财务规划指导和规范管理的职能。智能会计为企业提供财务会计、税务和管理方面的报告，大数据区块链的使用使得信息的真实性和可靠性增强，报表信息可追溯到原始凭证数据，海量数据分析降低了企业财务分析成本的同时，也为管理层的决策和管理提供了更加精准即时的数据支持。智能会计系统可以根据输入的模型，利用已有数据进行深度学习，对企业的内外部数据进行分析，实现智能决策。

（一）提示企业目前的可获得融资区间（融资弹性）

企业解决资金问题主要通过内部渠道和外部渠道。内部解决资金问题可以通过减少企业库存、降低应收应付款项、实行固定资产抵押以及利用社会责任取得资金、股权融资和平台化。而企业外部融资则主要是举借外债，包括银行贷款、高利贷、担保贷款等，向银行贷款是企业解决资金问题的一个重要渠道。

银行确定能否为企业提供贷款以及提供贷款的数额所采用的分析指标基本上是一致的。智能会计系统通过对企业相关财务指标（包括企业的资产负债率等指标）按照银行的分析体系进行分析，结合企业在税务系统上的税务信用等级（其中税务信用等级为 A 级和 B 级是银行规定的能够放贷的指标之一），根据其所缴纳的税款额度乘 5~10 倍计算企业可以从银行等信贷机构可获得的贷款融资数额，提醒企业可获得的融资机会，为企业解决现金流问题提供决策建议。

（二）基于大数据做企业画像

通过企业的财务指标、所处地区、行业等做企业画像，根据企业画像，判断出企业能否申请高新技术企业，是否属于国家规定的行业，例如，属于传统行业的企业可以通过改造转型到高新技术行业。在此基础上，通过获得的财务数据对客户企业进行分析，发现可以申请高新技术行业等能够增加企业税收优惠或者提高企业贷款额度等特点的企业，依据取得的数据为企业的进一步发展提供建议。并对企业可以通过如何改造可以获得税收优惠或者提高企业贷款额度资格提供合理化建议，并出具相关报告。通过对企业改造，使其成为高新技术企业，从而提高企业可获得贷款的额度。对于不能进行高新技术企业转换的行业，可以通过合理化改造，让企业的产业链变得更值钱，得到更大额度的银行贷款。

（三）企业成长模型分析

1. 建立模型。智能会计系统通过对发展比较成功的企业底层会计信息所获得的数据进行分析，采用相关指标建立企业成长模型，指标包括客户数量、专利、所在行业、公司规模、财务指标等数据，并为这些指标赋值，对这些指标进行量化分析，计算得出企业成长能力的数值。并能够结合行业的发展特性，评估企业的成长性、成长能力和创新性，从而建立不同的企业成长模型。

2. 验证模型。智能会计可以通过大数据获取中小企业的底层数据，代账平台的出现使得只要经过授权，获得被代账企业的数据的便捷性增强。以百企慧代账魔方为例，可以利用该平台已有的大量中小企业的数据验证已建立的模型的正确性，通过数据验证之后，选择合适的样本企业实施符合模型发展方向的企业改造计划，并把实施的结果通过报告的形式展现出来，对计划实施的有效性进行分析，形成最终的企业成长性模型，若干不同类型的企业模型就形成企业成长的模型库。

3. 应用模型。利用智能会计在数据采集方面的优势，结合不同企业的行业以及成长性评估，有针对性地选择合适的企业成长模型，把模型匹配到企业。由于不同企业的基础数据不一样，在企业成长性模型的匹配过程中可能会有差异，但企业大致的方向与模型是一致的，应当根据企业发展的实际情况，在具体实践中结合实际情况进行分析处理。

企业成长模型在与企业匹配过程中，既能够发现企业在发展成长方面存在的问题，也能展示出企业自身发展相比设定模型的优势所在。企业成长模型的建立和应用为中小企业的进一步发展提供了管理建议和思路，比较模型和企业实际之间的差异为企业决策提供数据支持，具体的企业发展决策应当根据企业风险评估等数据，由企业财务主管结合企业的实际情况决定采取何种措施来促进企业发展。

（四）提高企业的成本管理、预算管理、绩效管理等方面管理水平

业财税管一体化打通了业务和财务之间的联系通道，企业可以通过财务向业务前端进行延伸。智能会计系统的应用极大地降低了企业的管理和分析成本，提升了企业的管理效率和水平。

1. 传统"四表一注"直接生成，自动提取数据。在智能会计体系中，除了原有的资产负债表、利润表、现金流量表和所有者权益变动表（简称"四表"）之外，还可以根据管理者的需求个性化定制报表。原先的四表通过系统设置模板，系统可以自动生成报表，在需要的时候提取出来供报表信息使用者所用。区块链技术在财务领域的应用使得智能会计的财务报表突破了传统财务报表报告周期的限制，可以根据财务报表使用者的需求出具特定时间和内容的报表。财务智能机器人的出现，使得四表的编制和读取都不需要会计人员，如果管理层想要了解前一天的现金流量情况，可以直接

跟财务机器人对话，财务机器人根据要求，自动完成报表数据的出具和读取，并选择相关现金流量信息向管理层汇报。可以让管理层及时了解企业的相关信息，满足决策需要，及时发现和控制公司的财务风险与经营风险，推动管理者的高效管理。

2. 个性化报表的出现。可以根据管理层在决策预算等方面的需要，将特定的项目整合形成新的报表。例如，产品销售报表。可以将企业的库存明细、与销售有关的应收款项和现金流量、已销售产品的明细以及由销售产生的人财物的消耗等生成报告，结合各项目之间的内在逻辑关系，对销售的情况进行分析，发现销售环节存在的问题，为管理层的决策提供数据支持，以便企业实现更好的发展。

报表整体更加体系化、完整化。智能会计报表体系不同于传统会计的四表一注，出具的财务报告涉及企业的业财税管各个层面。业务层面是企业不同项目的成本分析报告以及企业整体费用的消耗，财务层面在传统四表一注基础上对报表项目出现了新的定义，税务层面企业的各项纳税申报明细会在系统记录和保存，管理层面是根据前三个层面并结合企业实际发展情况，利用底层数据之间的钩稽关系，对企业进行分析，为企业采购、销售和生产等管理出具的报告。

第二章 智能化会计的理论基础

智能化会计是建立在一系列理论基础上的,这些理论使会计走向智能化,从而实现了对传统会计的颠覆与重构。本章是对智能化会计的理论基础的研究,内容包括大数据理论、云计算理论、区块链理论和人工智能理论。

第一节 大数据理论

一、大数据理论内涵与特征

随着移动通信技术和智能终端设备的发展,全球数据通信总量逐年激增。一方面,数据产出方式从人工到自动化的转变,大量传感器的 24 小时无间歇采用,加快了数据的爆炸式增长;另一方面,人类活动与数据传递密不可分,大数据的时代"未来已来"。基于此,需要界定大数据的概念、特征与应用阶段。

(一) 大数据的内涵

近年来,"大数据"一词被人们津津乐道,多数人认为大数据就是大量的数据,大数据技术是海量数据的存储技术。其实不然,大数据是指无法在一定时间范围内用常规软件工具进行捕捉、管理和处理的数据集合。简而言之,大数据就是利用新的手段存储并分析海量数据,挖掘其数据价值的过程[①]。传统意义上的"数据"是指"有根据的数字",进入信息时代之后,"数据"的内涵不仅指有根据的数字,还统指一切储存在电脑中的信息。"大数据"的概念最早提出于 20 世纪 80 年代[②],相比于"数据","大数据"的内涵更加丰富:一是指数据容量更大;二是指数据的价值较大。二者关系如下。

大数据=传统的小数据+现代的大记录

---

① 贾小强,郝宇晓,卢闯.财务共享的智能化升级 [M].北京:人民邮电出版社,2020:14-15.
② 徐涵.大数据、人工智能和网络舆情治理 [M].武汉:武汉大学出版社,2018:27.

(二) 大数据的特征

根据大数据的产生范围、发展速度、应用价值，可将大数据的特征区分为巨量性、多样性、实效性与价值性四个方面。

1. 巨量性

大数据处理的是普通计算机和常规软件无法应对的海量信息。

2. 多样性

大数据时代处理的数据包括结构化数据和非结构化数据，过去人们处理的大多都是结构化数据。目前全世界75%的数据都是非结构数据①，比如办公软件文档、图片、音频、视频文件。除此之外，人们在互联网上生产数据，如发推特、微博和微信，记录自己的活动和行为（行为数据），数据的大爆炸使得大数据呈现出多样化特征。

3. 实效性

互联网每一秒都产生大量的数据，但实际上往往只有很少一部分数据是我们需要的，这要求能够快速地从海量数据中挖掘出有价值的信息。云计算的出现极大地支撑了大数据的广泛采用，当前云计算的运算速度可以达到10万亿次/秒②，只有数据的处理速度大幅提升，才能将大数据应用到更多的场景中去。

4. 价值性

"价值"是大数据的核心特征。大数据的价值特征表现为价值密度低、商业价值高：价值密度低指在数据呈指数增长的同时，隐藏在海量数据中的有用信息并未按比例增长；商业价值高是指从大量不相关、多类型的数据中找到相关关系，从而预测未来趋势。

(三) 大数据应用四阶段

如果数据是燃料，那么分析就是引擎。企业的数据应用能力通过技术、业务和人才的相互作用发挥出来，根据数据创新能力、决策支持程度两个维度，大数据的应用可分为四个阶段。

1. 数据自动流程化阶段

指数据从产生到使用的流程是自动化的，中间没有人工操作，全部通过系统形成实现。不少企业由于信息化程度不高或"数据资产"意识不足，大量外部数据和手工维护的数据还没有实现自动化采集与处理。

2. 报表与数据可视化阶段

指通过传统的数据仓库技术收集并整理企业数据，通过报表工具向业务人员、管理人员提供生产、销售、市场、财务、供应链等报表。目前大多数传统企业都处于该

① 余楷，唐路平. 大数据技术助力金融服务业 [J]. 信息记录材料，2018 (1)：65-67.
② 田密. 云计算背景下的大数据处理技术研究 [J]. 电子元器件与信息技术，2017 (2)：1-3.

阶段，缺乏实时数据处理能力，易陷入无法处理非结构性数据的"瓶颈"。

3. 数据与业务融合阶段

指数据驱动型企业具备了大数据处理能力之后，借助人工智能和机器学习而达到更加智能的信息化水平。相比于第二阶段对数据的"描述"及报表的"辅助性"功能，该阶段的数据可以直接赋能业务，并融合多维度的数据，具备了数据处理能力。

4. 深度洞察与预测阶段

指运用人工智能和深度学习算法对数据进行深度洞察，基于现有数据对未来趋势进行预测，这也是目前企业能够达到的最高层次的数据应用能力。以智能客服系统为例，很多物流企业例如顺丰、申通、中通等设置了机器人助手，能够针对顾客提出的问题进行语义识别，然后在其知识图谱的数据库中进行搜寻，匹配准确、符合要求的答案。

二、大数据理论对智能会计的支撑

在业财税管融合的大背景下，智能会计平台收集企业大量的数据与信息，包括业务数据、财务数据、税务数据，在此基础上辅以物联网数据、互联网数据、客户数据、供应链数据等，推动财务会计向业财税融合与管理决策的转变。目前，大数据对智能会计中的理论支撑主要有以下三个方面。

（一）大数据辅助企业进行风险管控

企业的财务风险识别与预警工作，在很大程度上依赖财务人员的经验与判断，由于财务人员素质与能力良莠不齐，而风险识别的工作又比较复杂，所以财务风险预警的准确性大打折扣。在智能会计中运用大数据进行风险管控，大数据利用财务小数据、企业中数据、社会大数据，结合非结构性数据进行相关性分析，能够实现大概率地发现风险事件的可能特征；并根据这些特征找到潜在的风险事件进行事先预警，有效地规避战略规划风险、组织管理变革风险、人员变革风险、税务法律风险等；提高了集团企业管控水平，加强了企业应对风险的能力。

（二）大数据提升了智能会计的运营能力

大数据对智能会计的运营能力提升包括流程管理与绩效管理两方面。流程管理方面，根据专业化分工原则，将业务、财务流程标准化后，业财流程可视为标准化环节下从端点到端点的"无缝"链。大数据的挖掘技术与相关性分析能"识别"所谓的"拥堵环节"，由此进行业财流程优化，提高智能会计的效率。在绩效管理方面，大数据可以实现对员工的多维度考核，在线记录员工的工作行为后，通过构建模型从操作时间、准确度、工作难度、数量等方面量化员工的工作任务，针对满意度、工作效率、工作能力、工作质量对员工进行绩效考核，有效地促进员工持续学习与发展，从内而外提升客户满意度，最终实现了企业的价值增长。

（三）大数据有效地支持预算管理

大数据应用之前，由于信息不对称，每当财务部门编制下一年度预算时，业务部门会夸大所在部门的业绩以获得更多的资源配置，财务部门在不了解业务部门的实际业绩的情况下，只能根据经验按照业务部门的需求进行预算，造成预算的准确性低、指导性差。当前，通过运用大数据技术，企业可根据历史数据与经营现状，结合行业发展、企业成长、竞争对手的情况，综合行业专家的观点与评论等非结构化数据，从而做出更精准的预算编制，辅助业务部门进行更科学有效的决策。智能会计整合大数据技术，能够为企业财务部门提供满足内外部精细化要求的管理报告，对预算过程进行事先预测、事中控制和事后指导。

第二节　云计算理论

大数据与云计算是一个硬币的两面：一面是问题；一面是解决问题的方法。通过云计算对大数据进行分析、预测，使得决策更为精准，释放出更多数据的隐藏价值。

一、云计算理论内涵与特征

云计算代表了一种崭新的方式来组织和管理虚拟化资产。因为简单、无线扩展的处理能力与价格低、质量高的成本优势，在新一代云数据中心建设中，绿色是主体，云计算是未来。云计算到底是什么？有什么特征？云计算的服务模式如何？本节将沿着这个思路展开。

（一）云计算的内涵

通常关于"云"，指的就是云计算。基于互联网的大规模分布式计算技术，云计算是一种全新的能让人们方便、自助地使用远程计算机资源的模式。"云"通过网络"存储"和"计算"从有形的产品变为无形的、可以配送的服务，对于企业而言意味着不用投入大量的资金购买服务器和软件。小企业通过租用云就可以享受到以前只有大公司才能购买、装配的软硬件能力。

（二）云计算的服务模式

从使用者的角度了解云计算的服务模式及部署模型，云计算的服务模式分为基础设施即服务、平台即服务、软件即服务三种类型。

1. 基础设施即服务

指云服务提供商把 IT 系统的基础设施层作为服务租出去，消费者自己安装操作系统、中间件、数据库和应用程序。

2. 平台即服务

指云服务提供商把信息技术系统中的平台软件作为服务出租出去，消费者自己开发或者安装程序，并运行相关程序，如微软公司、谷歌公司等都提供此类服务。

3. 软件即服务

指服务提供商把互联网技术系统中的应用软件作为服务出租出去，消费者不用自己安装应用软件，直接使用即可，如此便降低了云服务消费者的技术门槛。

（三）云计算的特征

云支持方便、按需地通过网络访问可配置计算资源的共享池，其具有规模化、虚拟化、自助化和低成本化的特征。

1. 规模化

指"云"的规模大、用户的访问量大。一般企业的私有云拥有数百台服务器，用户可以随时随地使用任何云端设备接入网络并使用云端资源。

2. 虚拟化

指云计算支持用户在任意位置、使用任意终端设备获取服务，云计算采取虚拟化技术，用户并不需要关心硬件情况，只要选择云服务提供商，注册账号登录云控制台，购买和配置所需要的服务即可。

3. 自助化

指用户根据实际需要来购买云服务，并且根据使用量进行精准计费，不仅可以较大地节省费用，而且提高了网络资源的利用率。

4. 低成本化

指企业采用云计算部署数据资源，实际上远远比传统的数据中心部署服务器简单方便，由于"云"的规模可以动态伸缩，满足应用与用户规模的增长，可根据用户数量规模进行弹性管理，在很大程度上节省了"云成本"。

（四）云计算的部署类型

按照云的使用范围和目的用途不同，云计算的部署分为私有云、社区云、公有云、混合云四种类型。

1. 私有云

指云端资源只提供给一个单位或组织内的用户使用，这是私有云的核心特征。私有云可以由单位组织本身构建，也可以由云提供商进行构建。

2. 社区云

指云端资源专门给固定的某几个单位组织内的用户使用，并且这些单位具有类似一致的使用诉求，比如安全要求、规章制度、合规性要求、云目标使命等。

3. 公有云

指云端资源开放给社会公众使用。公有云是创新的主要形态，根据市场参与者类型不同，可以分为政府部门主导的公有云平台、电信基础设施运营商主导的通信公有云、互联网巨头打造的互联网公有云等。

4. 混合云

指由两个或两个以上的不同类型的、彼此独立的云组成，通过使用标准的专有技术将其彼此相连，以实现云之间的数据与程序的转换。

私有云和公有云构成的混合云是当前非常流行的模式，当私有云的资源短暂性地云爆发时，云单位会根据实际情况租赁公有云资源来满足私有云的需求高峰。

二、云计算理论对智能会计的支撑

云作为企业数字化转型与新旧动能转换的重要手段，开启了企业财务服务的新模式。随着数字化的加速，企业上云是大势所趋，"财务上云，共享先行"，云计算理论对智能会计中的理论支撑主要体现在以下四个方面。

（一）云计算降低了企业数字化成本

云计算既包括后台硬件的云集群、软件的云服务，也包括人员的云共享。在硬件方面，云计算通过充分共享网络硬件资源，有效地降低了智能会计系统的 IT 投入，云存储可以降低成本；软件方面，云计算降低了企业的软件开发之"苦"与硬件投入之"困"。另外，企业引入云计算打造智能会计平台，有利于实现财务资源的共享，减少了人员冗余及软硬件系统的重复建设，降低了总体运营成本。同时，企业只需向云计算服务商购买服务，按照实际使用量交费，后者为企业提供软件安装、系统维护等服务，相比于传统的信息化建设，智能会计云计算大大降低了企业的信息化成本。

（二）云计算促进了企业内外部协同

企业会计的智能化、数字化转型是以互联、共享、智能为发展理念："互联"是起点，"共享"是模式，"智能"是目标，"上云"是动力。企业借助云计算平台建立的智能会计共享中心，连接企业内部的主要信息系统，比如电子报销系统、档案管理系统、票据影像系统、报表系统等，实现信息流、票据流、审批流三流合一，达到业财融合。同时，基于云端的智能会计平台可以快速、便捷地对接商旅云、发票云、采购云、营销云等平台，实现企业信息的全互联，构建企业"智慧大脑"。同时，智能会计平台借助云计算，与企业外部的银行、税务机关、客户、供应商的业务、资金、信息对接，实现了企业边界模糊化、业务智能化、流程一体化、组织扁平化。企业流程从内部延伸到整个产业链，实现产业链协同，推动业财税管一体化融合。

（三）云计算创新财务"众包"模式

财务众包是指企业通过互联网平台，把本应由企业内部员工和外部合作伙伴完成的任务，分包给网络大众群体来完成。基本工作原理是将工作流程进行标准化与拆分，评估出专业技能要求较低的环节，然后将这些环节"极致拆分"为一个个微任务，再通过互联平台分发出去，比如，一个任务可以小到只是查看发票影像，整理发票抬头的工作。众包商通过清单的方式进行作业，符合预期要求的单据将根据规定的价格标准进行结算。

（四）云计算助力企业构建风险管理体系

在技术层面，云计算有助于企业构建财务管控系统与风险管理体系，通过全程监控并寻找经营管理的薄弱环节，针对关键风险指标、经营数据进行判断与预警，化解经营中的潜在风险，提升整体抗风险能力。在流程方面，智能会计实现了以柔性共享、智能决策、精细管控为核心，将财务管理环节向前延伸，以报账为起点变为以业务为起点，通过深度的业财税管一体化，推动会计活动从注重结果到注重过程、从管控为主到管控与服务并重、从格式报表到智能决策，完成从业务记录到价值创造。

第三节　区块链理论

从 2009 年 1 月比特币诞生，比特币网络已经运行了 10 多年，以"区块链"为基础的分布式账本技术在税收服务、供应链金融、物联网等诸多领域具有巨大的应用价值。

一、区块链理论内涵与特征

区块链是脱胎于比特币的分布式技术，同时还是完美的信用系统。很多人对区块链的认识还停留在"币时代"，本节旨在厘清区块链的内涵与特征。

（一）区块链的内涵

区块链的定义分为狭义与广义两个层面，从狭义上讲，区块链是一种按照时间顺序将数据区块以顺序相连的方式，组合成的一种链式数据结构，并以密码学方式保存的不可篡改和不可伪造的分布式账本。从广义上讲，区块链是利用块链状数据结构来验证和存储数据、利用分布式节点共识算法来生成和更新数据、利用密码学的方式保证数据传输与访问的安全性、利用由自动化脚本代码组成的智能合约来编程和操作数据的一种全新的分布式基础架构与计算方式。实际上，区块链的基本原理即交易、区块、链，交易是指一次对账本的操作，导致账本的状态变化；区块则是一段时间内所有的交易结果与状态，是当前交易各方对账本状态的一次共识；链则是指区块按照发生顺序串联而成，是整个账本发生的日记记录。

（二）区块链的类型

根据参与的网络范围与节点特征，区块链可分为公有链、私有链、联盟链三种类型。

1. 公有链

任何参与者可以自由出入区块链。公有链是指任何人都可以参与区块链数据的维护与读取，不受任何中心机构的控制，数据完全公开透明，比特币系统就是典型的公有链，用户只需要下载客户端，创建钱包、转账交易、参与挖矿等功能是免费的。

2. 私有链

参与各方的数量和节点状态通常确定与可控。私有链是指由集中管理者进行管理与限制，信息并不公开，只有少数人可以使用，私有链与传统的中心化记账系统的差别并不明显。私有链虽然规模比较小，但是更加高效，具有更好的安全隐私保护优点。

3. 联盟链

严格的身份认证和权限管理，适合处理组织间需要达成共识的业务。联盟链介于公有链与私有链之间，是由若干组织一起合作（如商业金融机构）维护一条区块链，用户必须具有权限允许才能访问、使用该区块链，相关信息与隐私会得到保护，比如超级账本项目。

（三）区块链的特征

区块链是多种已有技术的集成创新，主要用于实现多方信任和高效系统。通常，区块链系统具有信息透明可信、防篡改可追溯、交易成本低、保护隐私安全四个特征。

1. 信息透明可信

指在去中心化的系统中，网络中所有的节点都是对等的，人人可以读取、写入、确认交易内容，达成共识后，数据透明可见，信息实现公正与共识。

2. 防篡改可追溯

"防篡改"指一笔交易一旦在全网范围内经过验证并添加到区块链，就很难被修改或删除，"可追溯"是指区块链上发生任意一笔交易都有完整记录，可以针对区块链上的某一状态追查到与之相关的全部交易记录。区块链技术能够实现将文字记录转换为无法篡改的数字信息，出现问题容易追查和处理。

3. 交易成本低

指区块链技术可以通过自动化合约带来更快的交易，区块链的"去中心化"特点决定了"去信任性"特性。不需要第三方"背书"，构建了可靠的社会关系，本质上即是降低了交易成本与管理费用。

4. 隐私安全保护

指区块链技术有利于安全、可靠的账目处理，减少犯罪风险。区块链节点上的用户通过使用"私钥"进行交易，并不需要依赖其他节点的身份进行交易有效性的判断，保护了用户的隐私与安全。

二、区块链理论对智能会计的支撑

区块链提供了一种在不可信环境中进行信息与价值传递交换的机制，其推进了智能会计在数据记录、数据存储、数据挖掘等工作模式的转型。区块链对智能会计的支撑主要包括会计业务与信息管理、税务申报与贷款审批、供应链管理三个方面。

（一）区块链对会计业务与信息管理的影响

区块链技术本质上是点对点直接交易的分布式记账，企业财会是应用区块链的"主战场"。区块链对会计业务与信息的影响主要包括重构会计业务模式、有效地促进业财融合、增强了内部控制的三个方面。

1. 区块链技术重构了会计业务模式

传统会计业务由于信息不对称、人工录入与核对容易出错，导致效率低下，区块链模式下的交易各方都是独立记账，并不需要第三方中介参与，参与者之间互相监督，保证了会计记录信息的准确性，提高了工作效率；使用区块链技术生成的财务报告具有即时性、个性化、准确性特点，信息使用者可以在公有链上提取自己需要的信息，判断企业运营情况，生成精准的会计报告，突破了传统财务报表时间、格式、内容固化的缺点，解决了信息来源，主要是上市公司财务报表的局限性，提高了报表信息的灵活性与实效性。

2. 区块链技术有效地促进业财融合

区块链的时间戳技术实现了发票全流程管理，将每条记录写入时间加入区块，使得数据不可篡改，然后将数据加密传送到各交易节点，实现了交易各方的信息连接与信息传递，创新了自动制证与自动记账的模式。2018年深圳国贸旋转餐厅开出全国第一张区块链电子发票①，降低了纸质发票无限复制的道德风险。经营业务发生后，区块链的所有节点对业务记录、确认，随后主体节点进行首次记账，企业、银行、税务等进行自动复核，这些工作都是由"财务机器人"来完成，"财务机器人"使得财会信

---

① 郑红梅，刘全宝 . 区块链金融 [M]. 西安：西安交通大学出版社，2020：315.

息的记录、传递、审核一体化，促进了业务与财务的融合，简化了以前原始凭证—记账凭证—会计账簿记账过程，从"凭证"环节直接进入"账簿"环节。

3. 区块链技术增强了内部控制的效果

区块链的分布式记录与密码学算法，构建了去中心化的全网监督网络，节点的平等性使得交易各方互相校验与确认，甚至下属对上级的业务行为进行监督，防范会计舞弊与造假，降低了会计监督成本，增强了内部控制效果。另外，区块链技术的编程和协议运行机制实质上是各方的共识机制，其技术要求达到区块链总数的50%以上的共识才能更改数据，由于区块数据的改变需要在全部区块的账本同时备份，这实际上形成了无层级全方位监管模式①，从源头上减少了会计信息错报舞弊的动机与行为。

（二）区块链对税务申报与贷款审批的影响

企业与个人的贷款、纳税与每个人息息相关，现有行业现状存在不少"痛点"，区块链技术实现了"让数据多跑路，让群众少跑腿"，其对税务申报与贷款审批的影响主要体现在显著地缩短税务申报与贷款审批时间、有效地解决中小企业的贷款需求分为以下两个方面。

1. 区块链技术显著地缩短税务申报与贷款审批时间

对于企业而言，传统的税务申报与贷款审批的流程如下：首先由贷款需求的企业向银监局提出贷款需求，银监局要求企业提供纳税信息；然后企业到税务局查询纳税信息，税务局根据要求将相关信息提供给银监局；银监局再将信息转发给商业银行。商业银行根据企业的税务信用等级、盈利能力（销售收入、净利润、增值税、所得税等）信息判断企业的贷款能力。然而，由于企业、银行、税务部门信息不对称，我国税务系统"以票控税"，纳税人需要提交完税证明，很多业务需要到税务服务厅、银行大厅才能办理，导致银行、税务审批效率低，甚至会出现"一票多报""打款背书不同步"的问题。

2. 区块链技术有效地解决中小企业的贷款需求

传统金融贷款模式下，因中小企业贷款具有"短、小、频、急"的特点，银行进行资格审核、信用确定、贷款发放周期"长、少、滞、慢"，致使中小企业融资困难。采用区块链技术后，电子发票同步企业、银行、税务、个人四方，实现"交易即开票，开票即报销"。针对中小企业的贷款审批，区块链技术应用到在线税银服务，能够实现电子纳税凭证的鉴真，智能合约保证数据授权执行：首先，企业向银行提出贷款申请，贷款企业授权银行查询纳税数据，银行确定企业的授信额度，快速实现企业、银行、税务的数据对接。区块链技术在电子发票开具中可以实现税务局、开票方、流转方、报销人四方共同参与记账，发票信息难以篡改。此外，区块链技术确保了从领票、开

---

① 戚伟欣，杨帆，盛晓莉. 分布式记账与区块链技术对财务会计的影响［J］. 财务与会计，2019（19）：75－76.

票、流转到入账、报销全流程的可追溯。

（三）区块链对供应链管理的影响

针对供应链"信息孤岛"的局限性，区块链能够解决供应链和溯源类场景的两大问题：一是提高参与方的造假成本；二是商品出现问题后准确定位和提高召回率，使得整体行业的效率提升。区块链对供应链管理的影响主要包括赋能供应链管理信息化与自动化、颠覆传统的供应链模式两个方面。

1. 区块链赋能供应链管理信息化与自动化

物流与供应链是非常有前景的应用方向，基于区块链的供应链方案，能每年为航运业节省部分资金。由于物流与供应链涉及诸多经济实体，经济单位之间存在大量的业务往来与协作交互，涵盖了企业的物流、信息流、资金流，而传统的商业模式下，不同企业保存各自的供应链信息，彼此之间缺乏透明与公开，时间成本与交易成本较高，一旦出现问题难以追踪与核查。区块链从协议层解决了数据的高可靠性；账本数据解决了数据篡改的困境；智能合约保障了各方的相关业务的权利与义务，区块链技术与供应链管理的"双链融合"被看作供应链创新的必然趋势。

2. 区块链技术颠覆了传统的供应链模式

传统模式下企业之间的合作是基于业务需求的合作，订单发出、原料采购、商品生产，彼此之间并未形成基于共识的沟通机制，采用区块链技术，其去中心化、链状系统能够连接上中下游的信息沟通渠道，点对点的分布式记账方式能够协同供应链各方点对点的交流，智能合约的共识机制能够有效整合供应链数据，通过信息的完全透明、安全可信，从源头上避免了供应链利益相关方的信息造假与徇私舞弊行为，优化并提高了供应链流程。传统商业模式下企业提出贷款申请，银行根据核心企业提供的经营信息、纳税记录判断是否予以信贷支持，存在较大的信用风险与操作风险。采用区块链的传播机制与验证机制，银行可以根据企业的采购信息、发货信息、缴税数据，判断企业的经营情况与盈利状况，不需要第三方信用机构，减少了审批确认环节，降低了贷款融资成本，提高了融资贷款的时效性。

第四节　人工智能理论

借助深度学习算法的"春风"，在大数据、云计算、区块链、移动互联网"四位一体"的协助下，人工智能正在引发链式突破，推动人类社会经济的各个领域从数字化、网络化向智能化全面发展。借助机器学习算法人工智能辅助智能会计实现业务数字化、流程标准化、财务智能化。

一、人工智能理论内涵与特征

思维与智能的概念引发了人们对图灵测试的讨论，这种讨论和争论逐渐过渡到人工智能的早期历史与最新发展，以及某个领域是否适合使用人工智能？这些问题的逻辑起点在于人工智能的内涵、特征与层次。

（一）人工智能的内涵

人工是指"人工合成"，对应于"自然生成"，而"智能"源于拉丁语，字面意思是采集、收集，进而进行选择，是个人从经验中学习、理性思考、记忆重要信息，以及应付日常生活需求的认知能力。人工智能是计算机科学的一个分支，主要研究和开发模拟、延伸与扩展人类智能的理论方法、技术与应用系统，涉及机器人、语音识别、图像识别、自然语言处理和专家系统等方向。

（二）人工智能的特征

根据智能功能与应用范围的不同，人工智能的特征主要包括深度学习、跨界融合、人机交互、自主操控四个方面。

1. 深度学习

深度学习是机器学习的一大分支，通过拥有多个处理层的神经网络计算模型来学习具有多层次抽象数据，即深度学习能够发现大数据中的复杂结构。

2. 跨界融合

人工智能技术作为新一轮产业变革的核心驱动力，基础技术研发和应用落地双头并举，与各行业的融合不断深化，逐步进入商业化阶段，重构传统各行业的生态格局。未来人工智能企业的发展将趋向于健康的商业模式。

3. 人机交互

指人和机器在信息交换和功能上接触或互相影响，这本身就定义了一种机器人与人类互动的关系。

4. 自主操控

人工智能不仅能够解决特定领域的具体任务，而且能像人类一样解决不同领域和类型的问题，进行判断和决策，是提供全产业升级的技术工具。

（三）人工智能的层次

根据结构化层级与应用发展阶段不同，人工智能可分为基础设施层、算法层、技术层、应用层四个层次。

1. 基础设施层

主要包括硬件、计算能力、大数据。21 世纪互联网大规模服务集群的图形处理器与低功耗芯片的出现，提升了计算机的运算能力，促进了深度学习能力，显著地推进了算法层与技术层的演进，而数据的爆发式增长，激发了人工智能的浪潮。

2. 算法层

主要包括各类机器学习算法、深度学习算法等，所谓"机器学习"是指利用算法使计算机能够像人一样从数据中挖掘使用信息，"深度学习"使用了更多参数，通过神经网络算法、决策树算法等，从原始特征出发，自动学习高级特征，最终输出最优解。

3. 技术层

主要包括计算机视觉技术、语音技术、自然语言处理技术、规划决策系统、大数据统计分析技术等，以计算机视觉为例，根据建立的"先验知识库"，采纳全球定位系统、数字信号处理等图形处理技术，引入高级的统计算法，自动从海量数据中总结物体特征，然后进行匹配、识别与判读。

4. 应用层

基于人工智能技术的应用已经开始成熟，目前主要的应用场景在智能金融、智能医疗、智慧家居、在线教育、智能交通、艺术创作等领域有较大突破。例如，智能机器人在外形上和人相差无几，从事搬运、拾取等工作，甚至进入极端环境进行作业。

二、人工智能理论对智能会计的支撑

机器人流程自动化智能机器人与核心企业管理系统业务流程紧密结合，在技术上满足更多的客户业务需求。由于机器人流程自动化适合重复性高、规则清晰、稳定性强的流程，该流程正在"井喷"式地取代重复性高、流程规范化的工作与职位，人工智能的深度学习网络、图像识别与转换等技术"智能"扩展了机器人流程自动化的能力边界与敏捷流程。人工智能对该流程的影响体现在智能会计方面，主要包括财务业务、税务业务、银企对账、决策管理四个方面。

(一) 人工智能在财务业务中的应用：自动化流程财务机器人

自动化流程财务机器人在财务领域的主要应用场景包括：应收应付账款、票据接收审核、结账核算、银行对账、发票开具、发票查验、费用审核、税务申报、差旅报销、报表出具等方面。将人工智能、机器人流程自动化引入到财务管理领域，纸质信息、电子信息、影像信息"三位一体"，有利于实现财务精细化、智能化、数据化。以费用报销为例，传统的人工报销模式下，财务人员每天收到上百笔财务报销单据，需要对上千张报销凭证与报销单（交通票、住宿票、餐饮票等）进行整理、审核、复核、结果通知，工作内容单调重复，工作量大易出错。采用费用报销审核机器人后，采用该技术登录企业邮箱发送给业务领导审核，再将业务处理结果通知报销员工邮箱。发票的识别率、审核的精细度、业务的实效性得到了大幅提升。

（二）人工智能在税务业务中的应用：自动化流程税务机器人

随着金税三期的深入，自动化流程税务机器人（批量开票机器人、自动开票机器人、自动报税机器人等）的采用是企业集团内部管理精细化、规范化的必然要求。以批量开票机器人为例，传统批量开票业务流程如下：税务部门根据统一的格式、编号、内容进行印刷，然后单位去税务机关登记、领用、使用、核销。其中，企业税务人员获取开票申请单数据后，根据标准与要求进行人工整理汇总，逐笔生成发票并打印，将发票号码等信息登记到企业内部信息系统，形成发票台账，人工发送邮件通知申请人领取发票，发票清单繁多，操作效率低，错误率高。采用该流程批量开票机器人，可通过税务网的电子开票系统获得网络电子文本（防伪码），使用光学字符识别技术验证发票真伪，使用税务软件对接财务核算系统，机器人自动进入税控系统批量开具发票，解析关联企业的发票申请数据，并将发票自动登记到企业内部系统，发送台账给税务人员，自动发送邮件给申请人，实现高效开票的全自动化。自动化流程机器人成本远远低于雇用人工所花费的成本，提高了企业对新兴业务趋势的反应能力，被认为是通过人工智能的第一步。

（三）人工智能在银企业务中的应用：银企对账机器人

在银企对账业务中，银行和企业需要对当期发生的业务进行核对，由于企业资金往来频繁，需要及时查询账务信息，匹配往来账款，但是由于企业规模扩大带来的账单数量与日俱增，人工对账出错率高，并且企业与银行的账务处理与入账时间不一致，往往会发生"未到账项"。传统工作模式下，由于日记账与每笔账务往来的拆分记账、合并记账方法并不一致，增加了记账的难度与对账的时间成本。另外，企业银行开户账户较多，多数并未实现银企对账直连，跨系统操作等待时间长，效率低下。银企对账机器人通过该流程可以自动提取企业、银行系统、第三方（企业）的账务信息，然后根据人工智能自动匹配账单信息，自动生成对账报告以及汇总的余额调节表，并通过邮件发送报告给指定人员，大大降低了人为错误的发生概率。企业核对银行对账单能够防范操作风险、管理风险与外部风险，是保证资金安全的重要手段。

（四）人工智能在决策管理中的应用：自动化流程智慧机器人

传统工作模式下的财务报表生成过程繁琐漫长：数据催收、汇率查询、科目余额汇总、合并抵销、财务报表生成、核对校验。因财务报告具有规则明确、频率较高、用时较长的特点，可采用自动化流程机器人进行流程自动化：第一步，自动化流程机器人从财务系统中导出数据，合并国内外数据，处理并计算期末余额。第二步，财务机器人结果检查无误后，月初向各分子公司发出数据催收邮件，实时监控并搜集分子公司的月报文件。第三步，自动化流程机器人对财务报表进行自动化解析，并转换为电子化财务数据。第四步，自动化流程机器人汇总分子公司财务数据，生成合并财务报表抵销分录。第五步，自动化流程机器人依据生成的数据形成财务报告，按时发送到指定负责人邮箱，企业集团上报监管机构。作为财务会计工作的重要组成部分，企业财务部门需要提供财务报告，提交给董事会与相关利益者，以展示其经营业绩与成果。自动化流程智慧机器人能够统筹各部门、众渠道、多维度的信息来源，按照预先编排的格式进行撰写与编排，最后自动生成财务报告，自动发送给指定的接收者，替代人工执行大量基础重复的工作，推动财务会计向数字化、自动化和智能化发展。自动化流程智慧机器人还可以结合前沿技术，基于企业账务与报告，对企业经营状况进行"画像"，对供应商、用户进行"贴标签"，对市场竞争者"刻画定位"，深入分析并挖掘数据价值，生成个性化智能推荐，为企业集团投融资理财提供信息渠道，为主营业务的战略方向提供科学决策。

第三章 智能化视域下会计组织与模式变革研究

随着智能时代的到来，会计组织与会计模式也需要进行变革。本章是对智能化视域下会计组织与模式变革的研究，内容包括智能化视域下会计组织的简化、智能化视域下会计管理策略、智能化视域下的会计团队以及智能化视域下的会计创新。

第一节 智能化视域下会计组织的简化

会计组织如同生物一样，有着自身发展和进化的规律。在不同的历史时期，会计组织是与当时的社会、经济及技术环境相匹配的。时至今日，会计组织的发展已经进入了与智能化时代环境相匹配的时期。

应该说，在几十年的历程中，会计整体还是在发生着改变的，这种改变也是和整个中国社会的进步相匹配的。不妨把这个进化历程划分为几个阶段：入门阶段（财会一体阶段）、初级阶段（专业分离阶段）、中级阶段（战略、专业、共享、业财四分离阶段）、高级阶段（外延扩展阶段）。如同社会的发展一样，第一个阶段历时漫长，而后续几个阶段则在短短的时间内突然加速，实现迅猛的发展。

一、入门阶段：财会一体阶段

大概有那么三十年的时间，会计与财务并没有那么显著的分离，即所谓的财会一体。事实上，在这个过程中，会计对处于计划经济时期的国家来说更为重要。在这个阶段，会计管理实际上更多的是服务于内部控制和成本管理。一方面，要保证不出现经济问题，需要针对资金和资产的安全投入必要的管理；另一方面，需要从降低成本上获取管理业绩。事实上，在这个阶段，有不少企业的成本管理都还是有可圈可点之处的。在入门阶段，会计管理更多地被视作会计的一个构成分支。

二、初级阶段：专业分离阶段

所谓合久必分，经历了近三十年的财会一体后，随着国家的发展，企业的经营目标发生了很大改变。随着市场经济得到确立，企业更多地关注于自身的经营结果，也就是怎么赚钱的事情。在这个背景下，会计的地位发生了一些改变，从一个单纯"管家婆"的身份，转变为一个对内能当好家，对外能做参谋的新身份。

同时，会计组织也发生了变化，一个典型的特征是在大概数十年中，会计管理作为一独立的学科被分离出来，而企业中也逐渐完成了会计管理部和会计部的分设。这样的好处是专业的人做专业的事情。在会计管理范畴中也逐步涵盖了越来越多的东西，如预算管理、成本管理、绩效管理等，会计则涵盖了核算、报告、税务等内容。在后期，另一个专业领域也被不少大公司分离出来，即资金管理。可以看到，很多企业在会计管理部和会计部以外都设置了资金部。

从上面的变化可以看到，基于专业的分离趋势在会计组织中开始出现，这个阶段叫作专业分离阶段。

三、中级阶段：战略、专业、共享、业财四分离阶段

大概有那么几十年的时间，是会计领域快速创新、积极变革的阶段，所以说这个阶段还是很有技术含量的。在这个阶段，国内很多企业开展了财务共享服务中心及业财一体化的建设。而这两大工程带来的直接影响就是基础作业分离到了财务共享服务中心，业务会计队伍成为会计组织的一个很重要的配置。

在市面上流行的说法中还有一个三分离的概念，这个概念没有将专业会计与战略会计分离，统称为战略会计。但战略会计和专业会计还是有一定的差异性的，分离后更为清晰。战略会计主要聚焦集团或总部的经营分析、考核、预算、成本管理等领域，专业会计则聚焦会计报告、税务、资金等内容。财务共享是会计运营的大工厂，而业务会计则是承接战略会计和专业会计在业务部门落地的地面部队。

战略、专业、共享、业财四分离的出现使会计的格局上升了一个层次。应该说，目前国内大中型企业的会计建设基本上都是按着这种模式来的，并且取得了不错的成效。

四、高级阶段：外延扩展阶段

高级阶段的会计组织说起来就是发展到一定阶段，开始进行突破，这也是与当下技术与概念日新月异的社会环境相匹配的。从这个角度来看，会计人员并没有想象中的那么保守，反而具有一定的自我突破的决心。高级阶段在前面四分离的基础上进一步扩展了会计工作内涵的外延，这一阶段就是外延扩展阶段。到了高级阶段，就需要有创新能力了。近几年来，整个社会的技术进步也在加速，移动互联网到了后期，人工智能开始起步，大数据概念普及，套装软件厂商开始迫不及待地布局云服务。作为会计，仅仅抱着旁观态度显然是不够的。

在高级阶段，战略会计开始研究如何使用大数据来进行经营分析，有些公司在会计体系中分化出数据管理部或者数据中心。专业会计对管理会计的重视日趋加强，管

理会计团队在会计组织中出现独立的趋势。业务会计就更加多元化，并且在不同的公司做法也不尽相同，有的公司基于价值链配置业务会计，有的公司则基于渠道配置业务会计。而财务共享服务中心在步入成熟期后，开始向深度服务或对外服务转型，如构建企业商旅服务中心，承接服务外包业务，提供数据支持服务等，同时基于机器作业的智能化应用也在财务共享服务中心出现。而另一项工作——会计信息化，在会计组织中也日趋重要，少数企业已经成立独立的会计信息化部门。随着智能时代的到来，会计信息化部门进一步演化出会计智能化团队，负责推动整个会计组织在智能化道路上前行。

从组织形态上说，原先的层级性组织正出现矩阵式、网状或柔性组织的特征，不少企业要求会计团队既要专业，又要有极强的可扩展性，从而应对企业在发展过程中对人力多样化、差异化的需求。

第二节　智能化视域下会计管理策略

当会计组织的发展进入到高级阶段后，需要面对更为复杂的灵活性及更为迫切的创新需求。传统的会计组织应对这一特点会面临极大的压力。即将谈到的柔性会计管理正是为此准备的，下面来看看它是什么，又将怎样影响和改变会计的现行管理模式。

传统的会计管理是种刚性管理模式，而智能时代的会计管理需要具有更多的柔性。一方面让我们来深入理解什么是管理的"刚与柔"，另一方面再来谈谈应该从哪些方面构建会计管理的柔性。

一、深入理解管理的"刚与柔"

从字面上理解"刚"与"柔"并不困难。泰勒在《在美国国会的证词》中谈道：科学管理不是一种有效率的方法，不是一种获得效率的方法，也不是一串或一批获得效率的方法；科学管理不是一种计算成本的新制度，不是一种支付工人工资的新方法，不是一种计件工资制，不是一种奖金制度，不是一种付酬制度，也不是一种支配工人的计划；科学管理不是时间研究，不是工作研究，也不是对工人动作的研究；科学管理不是印制大量的工作文件交给工人并对他们说"这是你的制度，你必须执行"；它不是工长分工制，不是职能工长制；也不是普通工人在提到科学管理时就会想到的任何方法。科学管理有着更为深刻的管理哲学。科学管理在实质上要求在任何一个具体机构或企业中工作的工人以及在管理部门中的经理、企业所有人和董事长都进行一场全面的心理革命。①

---

① 陈恺玲．西方公共行政管理理论要览［M］．长春：吉林人民出版社，2017：145．

泰勒的科学管理思想包括作业管理、组织管理和管理哲学三个核心内容①。其中，作业管理强调的是如何通过科学的工作方法、培训方法和激励方法来提升劳动生产率。而在组织管理中则区分计划和执行职能，提出了职能管理的概念；在管理哲学中强调科学管理带来的心理革命。随后很多管理思想的发展都延续了科学管理中至刚的风格。

当然，传统管理的刚性并不局限在科学管理这一个领域，在现实的管理工作中到处都有刚性的影子。比如，组织中森严的管理层级、制度中可能隐藏的简单粗暴、流程中缺少变通的执行方式、信息系统中难以改变的架构等，这些都无时无刻不在影响着企业的发展。而在会计领域，这种刚性的影响同样不可小觑。

当然，不能简单地去否定刚性，在过去的管理阶段中，刚性管理有其存在的自身价值。重要的是研究这些刚性的度是否合适，是否会过刚而折。如果到了折断的临界点，就应当适当地引入柔性，达到刚柔相济。那么，柔性管理又是怎样的呢？柔性管理和行为科学体系是一脉相承的。

同样，柔性管理的概念也不仅仅是关注对人的管理模式的改变，而是体现了一种敏捷、弹性、可扩展的精神，可以广泛地应用在战略管理、组织管理、绩效管理、团队和人员管理、信息系统、流程管理、运营管理等多个方面。

二、智能化视域下会计实现柔性管理的必要性与策略

当我们了解了柔性管理的概念后，不禁思考，在智能时代到来的大背景下，会计应当实现怎样的柔性管理呢？

谈到会计管理，在非常长的时期内，大家似乎都更愿意使用刚性思维来对待。一方面，会计本身在不断进行所谓严谨、管控、规则化的自我暗示；另一方面，会计人员长期以来就生活在各种条条框框里，从准则到各类监管制度，以及发票、单证，环境中充斥着刚性的氛围，可以说是一种过刚的状态。而这种状态会逐渐束缚会计人员的创造力，并且在今天商业环境已经改变、商业模式日新月异的情况下渐感难以适应。智能时代的到来，释放出要求会计进行自我改变的强烈信号，同时给我们创造了一个改变的机会。人工智能将帮助人们越来越多地完成原本需要"刚性"生产完成的工作，如会计审核、会计核算、资金结算等，而会计人员精力的释放将帮助我们有机会去重新构建创造能力和柔性管理的能力。

（一）柔性的会计组织架构

传统的会计组织通常是层次化的树状组织形式。通常在最顶层设有集团会计总监，下设几个专业部门，部门下再设相关科室，到了下属的业务单元或者子公司，又有业务单元或者子公司的总部会计，同样对口集团再设置相应的专业部门，再往下到了分

① 马永霞，窦亚飞. 高等教育组织与管理［M］. 北京：北京理工大学出版社，2020：22.

支机构，视机构大小设置数量不等的会计相关部门，但具体岗位也是向上匹配的。这种组织配置方式就带有典型的"刚性"。

采用这种组织形式的好处是能够在线条上快速地完成指令的下达，并在某个专业领域产生高效的上下协同作用。但采用这种模式最大的弊端是横向协作困难，并会对变革和创新产生比较大的阻力。形象地看，这种模式也被称为"烟囱式"的会计组织架构。此外，还存在另一种刚性。尽管我们说横向协同有问题，但在任何一个层级又有其统一的负责人，这些横向负责人又会造成跨层级之间的协同出现问题，使原本垂直的刚性管理又遇到横向的钢板。而会计负责人对其横向业务紧密的汇报关系加剧了这种横向钢板带来的阻力。

因此，在组织体系中建立柔性，打破横纵钢板交织的牢笼，将带来更大的管理价值。那么，如何打造柔性组织呢？可以针对以下几个可能性展开探讨。

1. 尝试扁平化的组织形态

对于会计来说，往往在一个法人主体上会产生多个管理层级。

比如链条首席财务官、会计部门总经理、会计部门副总经理、室经理、员工已经产生了五个管理层级。适度的扁平化可以考虑简化些层级，从而提升组织的运转效率。每多一个管理层级，就会多一层纵向之间的钢板夹层。从提升效率的角度出发，这种去钢板的变革应当自下而上地进行，应当适度增加中高层的管理跨度。

2. 积极应用团队结构的组织

在团队结构的组织中灵活地设置暂时性或永久性的团队，这样的组织形态可以改善横向关系，并且可以有效地解决横、纵钢板问题。团队的设置可以是横向组合，也可以是纵向组合，甚至可以是横纵共同组合的形式。在团队中可以纳入一个或多个管理者来共同解决问题。团队结构的好处是在面对重大问题的时候，可以让部门的局部利益让步于整体利益。团队往往还结合着项目来进行工作，项目化团队在柔性管理中有着重要的价值。

3. 探索流程型的组织

管理就是流程，一流的企业通过建设和持续优化流程体系来实现"重复成功"。对于会计工作来说，从流程角度出发也能够带来组织的柔性创新，并借助流程的穿透能力打破组织的刚性壁垒。流程型的组织在财务共享服务中心的应用中最为常见，但仍然建议扩大流程型组织的适用范围，比如将共享服务的流程向终端进行拓展，将经营分析、预算管理、成本管理、税务管理等非共享运营类流程引入流程型组织中。

（二）柔性的会计组织文化

柔性的会计组织文化，通常被定义为支配行为或者"我们在这里做事的方式"的假定信念和规范。柔性的会计组织文化可以成为一种保持稳定的强大力量。组织文化是指企业在生产经营和管理活动中被大部分员工所认可且遵循的、具有该企业特色的精神财富和物质形态，其中价值观是组织文化的核心。在会计组织的文化建设方面可以考虑引入柔性管理的思想，从而加强团队文化的包容性和灵活性。组织文化大致可以分为团队文化、偶发文化、市场文化和层级文化。

对于传统的会计组织来说，应更多地注重层级文化的建设。这种组织文化往往对稳定性和控制性的要求高于对灵活性的要求。这也是与会计组织长期以来的稳健特征相吻合的。

有必要建立适当的组织文化柔性，而团队文化、偶发文化和市场文化都更具有柔性的特征。可以在会计组织中适当地增加这三种文化的比重。当然，保持必要的层级文化也是符合会计管理特点的。

1. 团队文化

这种文化类型下的组织类似于一个家庭，团队文化鼓励家庭成员之间相互合作，通过共识和相互传递正向能量，带动组织凝聚力的提升，从而发挥出更好的组织效果。对会计来说，这种文化往往可以在一些关键时刻去建立，如在年报期间、会计系统建设期间都很容易构建起这样的团队文化。

2. 偶发文化

这是一种注重灵活性的冒险文化，强调的是创造力的构建，以及对外部环境变化的快速响应。它鼓励员工尝试使用新方法甚至冒险去完成工作。这种文化在部分会计领域并不适合，如会计核算、报告、税务、资金结算等，这些追求安全性的领域并不能让冒险文化成为主导。但是在一些需要突破创新的领域，如创新型会计流程和系统的建立、融资等领域还是需要具备一定的创新能力的。因此，偶发文化可以作为会计组织文化的补充。

3. 市场文化

这是一种鼓励内部竞争的文化，它对效益的关注超出了对员工满意度的重视，这种文化形态更像一种商业行为。对于会计领域来说，财务共享服务中心最容易形成这样的文化氛围。适度的市场文化在标准化的会计作业领域能够有效地提高员工的工作效率，这也是我们前面所谈到的另一种刚性，不宜过度，否则将在财务共享运营层面造成过于刚性的影响。反而在非财务共享领域，更需要加强对市场文化的引入，以驱动会计管理人员爆发出更强的战斗力和狼性。

从以上分析可以看出，未来柔性的会计组织文化应当在层级文化的基础上更多地引入团队文化和市场文化，并将偶发文化作为必要的补充，形成丰富、立体的柔性会计组织文化体系。

（三）柔性的会计战略管控

柔性管理在会计领域的另一个应用是会计的战略管控。谈到战略管控，不少公司的做法是通过协商后制定战略目标，但制定后就很少进行动态调整，造成了战略管控的刚性。而在预算管理上也存在类似问题，预算缺乏灵活的调整，难以适应市场环境的变化，带来资源配置的刚性。因此，柔性的会计战略管控可以从绩效目标管理和全面预算管理两个角度来提升其管理柔性。

首先是绩效目标管理。在传统的目标管理中，会计部门主要根据公司战略进行目标设定、下达及跟踪考核。在这个过程中，目标需经过管理层、业务单位及会计的沟通协商后进行制定，但往往季度、半年甚至全年都不进行调整，同时目标的制定往往只关注于自身进步，以目标为中心，可以将这种模式简单地归纳为仅仅和自己比。这是一种带有刚性色彩的目标管理。

其次，在柔性管理思想下，对目标的制定和考核应当更多地关注其他的维度，除了和自己比以外，还需要考虑和市场比及和竞争对手比。通常，要设置具有挑战性的目标，可以考虑要求业务部门的绩效超出市场的平均水平，并且超出主要竞争对手的水平。当然，这是针对在行业中本身位于第一梯队的公司来说的，不同梯队的会计可以设定差异化的目标，但核心在于视角的打开和柔性化。另外，目标设定后不能一成不变，应当在全年中不断调整，不仅仅是固定时间节点的调整，市场中重大事件的发生、竞争格局或竞争环境的突然改变等也都应当进行即时调整。在目标管理上，应当具有更为主动的战略敏感性。

再次是全面预算管理。传统的全面预算管理往往以年度为周期，基于年度循环来进行资源配置。部分公司将年度预算简单地除以12分配到每个月中。在资源配置的过程中，往往也并不适用于全面的预算编制动因，使预算编制结果与业务实际缺乏关联性。而在预算编制完成后，又较少展开预算调整，使预算和实际情况的偏离越来越严重。

最后，在柔性管理模式下，资源配置应当具备更加细化的时间颗粒和维度颗粒，充分考虑到不同时间周期内业务经营的实际特点，进行差异化资源配置，同时结合更多的实际业务，向作业预算的方向进行深化和努力。当然，柔性资源配置的背后还有成本和效率的约束。在当前相对刚性的资源配置模式下，很多公司的预算要到3月或4月才能完成，而且在编制过程中沟通成本高昂。向柔性管理的进一步迈进可能增加更多的成本。

（四）柔性的财务共享运营

传统的财务共享服务运营模式是典型的以制度为中介，对人的行为和组织的目标进行约束匹配的模式。这种运营模式更多的是一种刚性思维。对于刚性运营来说，需要有稳定、统一及可以预测的业务需求。同时，在业务加工过程中，以规模经济为基础，进行同类业务的大批量作业，强调统一性和标准化，在作业完成后要进行质量测试。财务共享服务中心的会计仅需完成单一作业，在管理中要求尽量减少工作差异，没有或者很少进行在职培训。

可以看到，刚性运营能够享受规模效应、效率提升带来的成本优势。但在实践中，越来越多的企业管理者对财务共享服务中心的要求在不断提高，他们希望财务共享服务中心能够有更多的灵活性，能够应对更为多样和复杂的业务场景。而这本身也是财务共享服务中心的管理者所不断追求的。

如下表所示，对柔性运营思维的应用，能够很好地应对日益提高的管理要求。在柔性运营模式下，需求可以具有不确定性、多样性和不可预测性。在运营过程中，柔性运营以范围经济为基础，进行大批量多样化生产，解决差异性和柔性的自动化处理。质量控制方式将从事后测试向前期过程中的质量环境建设和质量控制转变。对员工来说，需要从原来的一专一能转变为一专多能，当业务需求发生变化时，能够灵活地进行资源调配。

刚性运营与柔性运营的对比表

	刚性运营	柔性运营
市场情况	需求的稳定性、统一性和可预测性	需求的不稳定性、多样性和不可预测性
生产过程	以规模经济为基础	以范围经济为基础
	同类产品大批量生产	大规模多样化生产
	统一性和标准化	差异化和柔性自动化
	生产结束后进行质量测试	在生产过程中实施质量监控
	劳动力完成单一任务	员工完成多种工作，专业化程度高
	减少工作差异，没有或很少有在职培训	长期在职培训

财务共享服务中心的刚性是与生俱来的，也是不可或缺的，这是其安身立命之本。但财务共享服务中心的管理者必须意识到未来的趋势是刚柔并济的，柔性运营的思维和能力已经到了启动建设的时候。直观地说，刚性思维是一套直线式的生产线，而柔性思维模式则允许我们在这条直线上将差异条件分流处理，同时允许会计在生产线上进行多流程环节处理，通过组织的柔性、技术的柔性、流程的柔性带来财务运营的多种可能。

（五）柔性的会计信息系统

对于会计管理来说，还有非常重要的一点，就是需要将会计信息系统的刚性束缚打破，构建柔性的会计信息系统。

由于中国的信息化发展历程过于迅速，对于很多公司来说，在还没有看明白的时候，技术已经更新，管理又出现了新的要求，会计信息化的建设都是在不断打补丁的过程中完成的。这样的系统建设路径使多数公司的会计信息系统缺少规划，也根本谈不上柔性。对于这些公司来说，一个很大的问题就在于当业务需求发生改变时，现有的信息系统调整困难，甚至存在大量复杂的后台业务逻辑无人清楚，使新需求可能带来的影响无人能够清晰评估，并最终导致系统无法改动。

因此，在这种情况下，会计信息系统的刚性具有极大的危害性。要改变这种局面事实上并不容易，需要从以下几个方面共同努力。

首先，改变信息系统建设的观念和节奏，从打补丁的建设方式改变为先做规划和架构设计再开工建设。有些公司在系统建设的前期舍不得投入资金展开规划设计，导致产生高昂的后期返工和维护成本。在柔性管理思路下，建议在系统建设前期充分调研需求，多看市场成熟产品，必要时引入专业人士或者咨询公司来进行架构和需求设计，打好基础的投入看起来是刚性，但最终是给未来带来更多的柔性。

其次，在会计信息系统的架构设计中应当充分考虑产品化的思路。有的公司认为业务没那么复杂，没必要搞所谓的产品化、可配置化，互联网技术人员只要用代码把规则写出来，流程跑通就可以。但实际情况是，这些公司从一开始就给自己戴上了沉重的刚性枷锁。有不少公司实际上都是在自己也没有想到的情况下快速发展膨胀起来的，这个时候除了推倒重来，真的很难找到更好的方法。当然，对于一些初创型公司来说，如果自身没有充足的资金进行复杂的系统开发和建设，不妨考虑选择第三方产品，甚至是云计算产品，在低成本模式下保留自身的柔性。

最后，对于那些已经带上刚性枷锁的公司来说，这条路已经走得很远了，要想改变并不容易。找到合适的时机，对系统进行一次全面的再造是由刚入柔的可行方式。这种契机往往出现在公司经营业绩很好，能够投入充足预算的时期，如果结合技术的大发展、大进步，则更容易实现柔性管理。

上述内容讨论了管理的"刚与柔"，并探讨了会计需要考虑引入柔性管理思想的五种场景。在智能时代，适度加强企业的柔性管理能力有益于企业的健康。而最佳的境界是做到刚柔并济，发挥刚与柔的和谐之美。

第三节　智能化视域下的会计团队

正如先前在会计组织的极简进化史中所谈到的，会计组织在进化到高级阶段后，会进入外延扩展状态。在这一阶段中，会计组织演化出复杂多样的形态，这也顺应了在柔性管理思想下对会计组织柔性化的要求。下面谈一谈面向未来的智能化时代，会计组织的一种可能的外延扩展形态——会计智能化团队。

一、检查方向的正确性

智能时代对会计组织最大的影响就在于减少了对简单作业的需求，加强了对创新和复杂设计能力的依赖。当然，当谈到这里的时候，很容易引发道德争议。在网络舆论中，有不少人担心智能时代的机器会取代人的工作，这对社会来说是进步还是退步？

为了回答这个问题，不妨看一下经济学中涉及的破窗理论，也称为"破窗谬论"。黑兹利特说，假如一个孩子打破了窗户，必将导致窗户的主人去更换玻璃，这样就会使安装玻璃的人和生产玻璃的人开工，从而推动社会就业。

如图 3-2 所示，从这个例子中能够看到，担心机器取代人工的人，实际上是支持用落后的工具来进行生产，如同让孩子持续砸窗户，从而推动社会就业。而事实上，如果避免了自然灾害、人为破坏，那么节约下来的时间、物质资源和劳动力完全可以用在生产其他更重要的东西上，这样社会生活会更加富足。维持落后的工具，担心机器取代人工，实际上是牺牲了创造潜在价值的可能。说到这里，智能时代会计组织将减少简单作业、增加复杂设计的方向性判断就更加明确了。

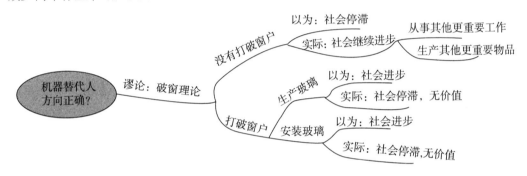

图 3-2 "机器代替人"破窗理论演示

二、构建会计智能化团队

在智能时代，增强会计复杂设计能力的核心在于会计智能化团队的建立，这也是本节要谈论的主题。

(一) 会计智能化团队的定义

首先，要对会计智能化团队做一个定义。为什么用"团队"这个词，而不是"部门"之类的呢？因为一个组织是基于柔性理念设置的，能够具有敏捷快速的响应能力，具备更加高效的资源组织能力、创新、协作能力等，所以用"团队"而不是"部门"能够更加贴近"柔性理念"所期待的能力需求。

在会计智能化的定义中，对智能化的概念会有不同的理解。第一种理解是用智能工具来武装自己，使组织的工作效率得以提升。第二种理解是组织中的工作被人工智能所替代，整个组织的工作内容已经没有人的干预，组织成为智能作业工作。第三种理解是需要一个组织，能够基于智能化的理念，帮助其他组织达到前面两种理解的目的，即智能化团队是用来帮助他人实现智能辅助工作或推动机器替代人工的。这里所谈论的是第三种理解下的智能化团队的概念。

给智能化团队加上"会计"限定词，是为了说明这个团队的服务对象是会计领域，而非其他领域，同时会计智能化团队的组织设置也在会计组织内部。

基于以上理解，就能够给会计智能化团队下一个定义：会计智能化团队是在企业会计组织内部，基于智能化理念、人工智能理论和方法及创新思维，推动会计组织中其他部门使用智能化工具提高效率、质量或者用人工智能取代人工作业的组织。作为智能化团队，不仅要依靠互联网时代的计算机，更多的还要注重云计算、大数据、物联网等科技在团队之中的运用，真正做到即时在线，不断实现成员之间的无缝对接，更快、更好地来完成任务。

（二）会计智能化团队员工画像

在有了定义后，下一个问题是：会计智能化团队的成员需要有怎样的素质特征呢？从定义来看，这个团队生来就和其他团队不一样。因此，这样的团队必须要具备一些独特性。

1. 游走在会计与科技之间

对于会计智能化团队来说，需要具备复合的知识体系。一方面，需要具有丰富的会计管理知识，具备管理者的战略视角，能够从全局对会计管理的工作模式和业务流程做出深入思考；另一方面，需要对智能化技术有充分的认识，清晰地认识到智能技术能够做到什么，以及如何与会计管理的场景相结合。同时，类似于现在会计信息化团队中业务需求分析人员的工作，会计智能化团队同样需要具备将业务需求转换为智能化技术实现方案的能力。

2. 创新是一种本能

由于智能时代新技术层出不穷，如何将这些新技术与会计管理的场景进行关联成为关键问题。很多时候，人们知道新技术是什么，也知道会计管理在做什么，但就是说不清楚新技术能够帮助会计管理做到什么。就像云计算、大数据、区块链等，太多的人在讲它们有多么好，但就是很难讲清楚会计可以用它们来干什么。这个问题的背后缺少的就是创新。因此，对于会计智能化团队来说，创新要成为其工作和生活中融入的本能。只有这样，才能够敏锐地洞察智能时代会计创新的机会。

3. 胆大心细能推动

对于会计智能化团队来说，在未来相当长的一段时间内，都将致力于改变现在会计管理的固化习惯。无论是让人们接受新的技术工具，还是让人工智能替代人工作业，这背后都需要强大的魄力和推动力。会计智能化团队的成员需要胆大心细，敢于挑战权威和惯性，同时需要懂得沟通协调，能够在变革的过程中获得各方的认可，从而形成推动力。

4. 人少精干

会计智能化团队的人数并不需要很多，对于整个会计组织来说，这个团队一定是一个小众群体，它将是一把利剑。对于这样的团队来说，每个成员都要保持充分的活跃度和能动性。同时，整个组织需要具有高度的柔性，能够随时拆分或组合，既可以随时投入到微创新中，也可以随时投入到攻坚战中。会计智能化团队是一支富有变化性和战斗力的队伍，是未来会计组织中的特战队。

说到这里，我们已经知道，会计智能化团队需要具有会计和技术复合知识、敢创新、能推动、善变化、有战斗力的会计人员。

（三）会计智能化团队的组织设计

1. 会计智能化团队的核心职责

会计智能化团队的核心职责主要有四点：第一，负责会计组织对智能化技术的战略性研究，能够积极主动地跟踪新技术动态，深入挖掘会计管理领域应用新兴智能化技术的可行场景，并制定实现路径；第二，能够有效地与互联网技术部门对接，明确智能化应用场景的业务需求，推进并跟踪该部门实现智能化业务需求；第三，推动已实现的智能化技术工具在会计管理实际工作中的应用，提升相关场景业务团队的工作效能；第四，积极推动人工智能技术对会计业务流程中人工作业环节的替代，提升流程的自动化处理能力。

2. 会计智能化团队的管控关系

会计智能化团队是会计组织内设机构，鉴于其在组织中需要有多方面的沟通协调能力和极强的推动要求，可以考虑将该团队的直接汇报对象设定为首席财务官或分管信息化建设的会计总经理。同时，赋予该团队较强的组织协调权力，以支持其推动变革项目，如项目资源调动的权力、对项目参与方进行考核的权力等。另外，会计智能化团队也需要和外围各方会计组织及科技部门保持紧密的协作关系。

3. 会计智能化团队的组织架构

作为一个柔性组织，会计智能化团队只需要有一个负责人和多个智能化会计经理。每个智能化会计经理都可以成为项目负责人或者其他项目的成员，但团队应当遵循项目经理负责制，赋予项目经理充分的资源调配权和项目管理权。而整个团队的负责人需要负责团队整体的方向和人员管理，能够对每个项目起到有效的辅导和监督作用。

在明确了组织设计内容后，会计智能化团队的建设方向会逐渐清晰起来。作为一个有前瞻性思想的会计领导者，应当尽早启动对新技术的关注，以技术驱动会计管理升级。因此，能够较早地在会计组织内部设立会计智能化团队，会是很好的起点。随后，需要积极地引入富有创造力和综合能力的优秀人才，逐渐使团队的构建丰满。

会计智能化团队的建立会比其他会计组织的构建更富有挑战性，用有开拓性的领导力集聚创新技术人才，是团队成功构建的关键。

第四节 智能化视域下的会计创新

当社会经济发展到今天这个阶段时,创新已经成为企业发展的核心驱动力。很多公司已经将创新作为企业战略的重要组成部分。国内外最顶尖的企业中新增了一个重要职位——首席创新官。首席创新官的任务是引领企业实现新业务创新,同时又必须确保企业能够持续生存和发展。这个职位和首席财务官、首席技术官等处于同一层级。在这里,不是谈企业的首席创新官,而是来看一看会计如何创新,如何让整个会计组织形成创新的生态环境,并有机会让每个会计人员都能够成为首席会计创新官。

一、智能化视域下会计创新的使命

对于会计来说,创新并不是件容易的事情,看看会计发展史就知道了。长期以来,社会强行赋予了会计"严谨务实"的标签,以积极的态度去理解,这是对会计工作的认可;而从另一个角度来看,也体现出会计和创新相悖的一面。

但事实上,并不能否认会计是具有创新能力的。在最近数十年的时间里,会计创新在企业后台管理中仍然是一抹亮彩。计算机时代的会计迈出了会计电算化这一步,信息化时代的会计成为企业管理系统建设的前锋,正在进入的智能时代,会计也必将有所作为。

智能时代赋予了会计人员新的使命,对会计人员的创新能力提出了新的要求。

(一)创新的技术基础更为复杂,也更为便利

智能时代的创新离不开技术,和过去的十多年相比,今天技术的发展和进步让会计人员面临更为复杂的技术环境。在计算机时代,会计人员只要会安装并操作软件就好了,在信息化时代,会计人员还需要懂得一定的互联网技术。而在今天的智能时代,如果要把技术与业务场景深度融合,会计人员需要懂的事情就更复杂了,无论是大数据、云计算,还是机器学习、区块链,没有一件事情是简单的。在这样的一个复杂环境中来进行创新,就必须要对技术有深刻的理解。

与此同时,技术的获得又是便利的。例如,"某某云"能够让开发人员用较低的成本构建一个机器学习的开发实验环境,会计人员只要稍微努力,去亲身体验和感受这些技术的实现过程也不难。从这一点来说,技术进步带来的是更多的便利性。

(二)创新的时效性要求更高

智能时代的技术变化是迅速的,并且遵从一定的演进路径。因此,在这样的技术节奏中,创新的时效性就显得尤为重要。如果创新的时间周期较长,往往一项新技术

还没来得及得到深度的实践应用，就已经沦为"明日黄花"了。而跳跃技术阶段的创新又蕴含着较大的风险，导致一步慢、步步慢，最终在智能时代的创新竞争中失利。因此，智能时代的会计创新必须遵循唯快不破的基本逻辑。

（三）创新必须要和场景深度融合

智能时代商业创新的本质是场景创新。一个缺乏业务应用场景的创新是没有市场和生命力的。实际上，技术的普及和平民化是一件容易的事情，但将技术与实际需求相结合，并形成有意义和有价值的应用场景就没那么容易了。对于会计来说，在接触到一个新的技术概念后，不应该着急地去全面展开基础建设，而应当客观、务实地深入挖掘应用场景，然后再来看如何把技术应用到场景中。这个时候，在技术层面所投入的建设资源将更具有针对性，能够获得更高的产出。

二、智能化视域下会计创新需要的生态环境

尽管在智能时代会计创新被赋予更高的使命，但要使会计能够从真正意义上实现管理创新，还必须要营造出一个适合创新的生态环境。这样的一个生态环境需要多方面的因素来共同打造，包括战略、文化、组织、技术等。

（一）公司战略的一致性

会计创新要想活下来，第一个要点就是与公司战略保持一致，南辕北辙的创新终究会面对失败的结局。对于会计来说，所做的事情并不是孤立的，必须要与公司的发展战略相匹配。设想一个坚定走手工打造战略的企业推动会计智能化成功的概率，必定远低于一个将人工智能作为公司核心战略的企业。所谓顺势而为，就是这样的道理。站在风口上，会计创新必然可以迎风飞翔。因此，一个与会计创新方向匹配的公司其战略是会计创新生态环境的基础。

（二）鼓励创新的文化氛围

当会计创新与公司战略相一致时，说明做了对的事情，但要想做出成果，还需要有一个鼓励创新的文化氛围。在通常情况下，这种氛围在技术部门门或者市场部门都较容易形成，但在会计部门往往存在一定的难度。

鼓励创新不是停留在口头上的一句空话，作为会计管理者，应当对做出创新贡献的员工给予积极的鼓励。

生产线上的员工如果做出创新贡献，会根据其为公司带来的成本节约比例进行奖励兑现，因此就有因创新而获得高达数百万元人民币奖金的员工出现。对于会计来说，很难要求管理者去承诺如此丰厚的物质奖励，但恰当的精神奖励和年度考核评价也会营造出有效的创新氛围。

（三）适合会计创新的组织模式

适合会计创新的组织模式也是创新生态环境的重要组成部分。传统的会计组织模式对创新是不利的，部门之间的壁垒让全局性的跨部门创新难以实现。设计一个层级简单、项目化、敏捷、柔性的会计组织，对于构建创新生态环境具有极其重要的意义。

（四）对会计创新的试错包容

创新生态中的重要一环是技术，在创新过程中，很多新技术流程都需要经过实验的验证。在创新型企业中，往往对试错给予了极大的包容性，甚至很多时候鼓励试错，从中获取成功的种子。因此，好的创新生态应当具有技术试验环境，让大家在不断的尝试中找到正确答案。未来的商业创新具有极大的不确定性，对于一个企业来说，不妨营造一个万马奔腾的局面，最终总有那么几匹马能够跑到成功的终点。很多风险投资也是这样的，并不在于你投对了什么，而在于你错过了什么。

三、会计创新失败的原因

谈了创新的方法，再来谈谈创新的失败。很多时候，知道为何失败比知道如何成功更有价值。会计创新的失败说起来并不复杂，下面说说创新失败的五种场景。

（一）目标不清晰带来创新失败

很多时候，会计创新并不是在建立了清晰的目标蓝图后开始的，而是看别人做了，自己也就跟着做了，但做到半路可能都还不知道自己为什么在做这件事情。没有清晰的目标，无论是创业还是创新都存在极大的失败风险。所谓清晰的目标其实可以理解为有价值的应用场景，有了场景，也就有了目标。

（二）技术不到位带来创新失败

在会计创新项目中夭折在技术不到位上的案例太多了。很多企业会计在抛出一个创新想法的时候并没有充分评估自身的技术能力，想当然地认为自己的技术部门能够实现其构想，而且真正运作起来，技术环节掉链子，让整个创新项目停滞，或者错过最佳的实现时机。因此，在会计启动创新项目时，充分评估技术资源、锁定必要的技术资源都是至关重要的。必要的时候，引入外部资源或购买产品，拿来主义有时候是更加直接、有效的手段。

（三）创新周期过长的创新失败

智能时代的创新有时效性的要求，很多创新项目就是因为周期过长而失败的。当一个项目的时间周期过长时，无论是项目的推动方还是关联方都经受不起漫长的时间磨损。随着时间的推移，很多被早期激情所掩盖的矛盾就会爆发出来。那么，以多长时间作为容忍的底线呢？经验告诉我们，这个时间周期最好不要超过 18 个月，否则项目的失败风险将会急剧上升。控制项目的时间周期，是会计创新者规避失败的一个简单、有效的方法。

（四）安于现状的创新失败

很多时候，性格是最大的软肋。有不少会计创新者意气风发地战斗了一次，获得了一次成功的创新实践后，就会陷入安于现状的陷阱。这个时候，他们忘记了创新是相对的，随着时间的推移，创新已不再新，越来越多的新进入者会使用、模仿、超越，将你的竞争优势瞬间瓦解。安于现状，是曾经的创新成功者的另一次创新失败。对于会计创新者来说，持续突破自我，实现创新循环，才有可能走得更远。

（五）变革阻力下的创新失败

最后要谈的一种创新失败源自变革阻力。对于一些需要触动业务部门利益的会计创新来说，变革总是伴随着创新过程的。会计作为企业的后台部门，在推动剧烈变革的时候往往会面对极大的阻力和自身的心理压力。一旦内心不够强大，就会倒在创新的道路上。变革的阻力会给创新者带来绝望期，绝望期的深度代表绝望的程度，宽度代表绝望的时间，会计创新者应当积极营造良好的变革氛围，通过积极主动的沟通和获取管理层支持来减少绝望期的深度和宽度。

会计创新的成功建立在事先预判失败的基础上，当充分认识到创新失败的场景并有所应对时，创新将不再是一件困难的事情。

总之，对于会计来说，培养团队的创新能力并不是一件容易的事情，作为创新的领导者，需要有一颗坚持和包容的心，悉心营造良好的创新生态环境，培育团队的创新文化和员工的创新意识。通过一系列微创新项目树立会计人员对创新的信心，并收获创新成功的经验。

第四章　智能化视域下会计的规划设计研究

会计不是盲目的，需要进行整体规划和设计，尤其是在智能时代。本章是对智能化视域下会计的思路的研究，内容包括智能化视域下会计的总体规划、智能化视域下会计的流程设计、智能化视域下会计的制度体系设计、智能会计信息系统总体功能需求设计。

第一节　智能化视域下会计的总体规划

智能会计是会计领域的一场重大变革，是新技术运用推动的会计管理变革，不仅涉及创新型智能会计平台的建设，更重要的是要在智能会计平台的支持下实现会计转型，构建新型会计管理模式。

一、智能会计的必要性和可行性

（一）智能会计的必要性

1. 企业数字化转型需要

以互联网为代表的信息技术和人类生产生活深度融合，成为引领创新和驱动转型的主导力量。

2. 企业财务提升需要

不少企业存在一系列财务问题，对会计管理工作有着一定提升需求。此外，会计转型受到了会计领域的高度重视，如何从传统以核算为主的"价值守护型"会计转型为以管理控制和决策支持为主的"价值创造型"会计，推动会计的自动化、智能化和数字化，助力企业的高质量发展，成为企业财务发展提升中需要探索的重要领域。

3. 行业会计创新推动

为适应互联网时代的发展要求，要积极主动适应现代会计管理要求，推动互联网、大数据和人工智能技术在会计工作中的创新应用，推进行业会计技术和管理创新。

（二）智能会计的可行性

1. 管理可行性

智能会计需要企业会计组织较为健全、会计人员素质较高、会计流程较为规范、会计制度较为健全、会计系统较为齐备，拥有良好的会计管理基础。此外，领导层也要高度重视并坚决支持智能会计，各业务部门、管理部门和互联网技术部门积极参与和全力配合智能会计，使得智能会计项目拥有良好的土壤和环境。具备以上条件，企业智能会计才具有管理可行性。

2. 技术可行性

目前，大数据、智能化、移动互联网、云计算、物联网和区块链等在会计领域中，尤其在先进企业中都有一定的成熟应用场景。此外，国内各大软件厂商，在财务共享领域、管理会计领域和大数据分析应用领城都有一定的探索，其中财务共享最为成熟，管理会计在某些模块较为成熟，大数据分析应用有个别案例。企业具备了很好的信息化基础，推进智能会计才具有技术可行性。

3. 经济可行性

企业进行智能会计将取得明显成效，如改善会计信息质量和全体员工财务体验，提高会计工作效率和降低会计工作成本，提升会计合规能力和价值创造能力，促进会计在管理控制和决策支持方面的作用发挥，推动企业的数字化转型进程。企业的财务状况良好，推进智能会计才具有经济可行性。

二、智能会计的总体思路

智能会计是会计领域的一场重大变革，是新技术运用推动的会计管理变革，不仅涉及创新型智能会计平台的建设，更重要的是要在智能会计平台的支持下实现会计转型，构建新型会计管理模式。

（一）智能会计的定位

为满足会计工作提升需要、企业数字化转型需要和落实行业高质量发展要求，越来越多企业开始探索智能会计，将其作为企业整体数字化建设的重要组成部分和首要突破口，旨在助力会计转型、新型会计管理模式构建的同时，推动企业整体数字化的发展进程，并通过会计管理水平的提升带动企业整体管理水平的全面提升。

（二）智能会计的目标

智能会计通常旨在达成以下三个目标：一是财务层面，借助智能财务共享平台，实现会计核算的标准化和自动化、资金结算的集中化和自动化、资产盘点和对账的自动化、税务计算和申报的自动化以及会计档案管理的电子化和自动化，提升企业会计工作效率和信息质量，推动工作从核算型转向管理型；二是业务层面，立足于管理规范业务，借助智能管理会计共享平台，实现预算编制和分析的自动化、预算控制的前置化和自动化、成本归集和计算的自动化项目管理的标准化和过程化以及税务风险检测的智能化，以更好地支持业务开展、规范业务管理和强化过程控制，提升企业管控水平；三是管理层面，立足于数据驱动管理，借助大数据分析应用平台，通过建立多维分析模型和数据挖掘模型，实现服务业务经营、精细协同管理、辅助决策支持和全面风险评估，促进企业数字化转型升级，服务企业高质量发展。

（三）智能会计的原则

企业智能会计的过程中，需充分体现智能会计的五大特点，即全面共享、高效融合、深度协同、精细管理和力求智能，除此之外还需遵循以下四项原则。一是系统性原则。智能会计过程中，将会涉及智能财务共享平台和大数据分析应用平台的建设，与业务经营管理平台、大数据基础平台和外部交易管控平台的对接，以及需要对业务经营管理平台进行改造提升，有必要进行系统化规划设计。二是前瞻性原则。智能会计的整体规划设计和具体方案设计，应前瞻财务信息化发展趋势，基于智能会计研究和建设的现状与未来发展，面向企业高质量发展和管理需要，对智能会计开展探索性研究。三是先进性原则。智能会计过程中，最能体现智能会计本质特色的是针对不同会计工作任务设计智能化应用场景，针对不同智能化应用场景探索新技术的匹配运用，这就要求精心设计智能化应用场景，且保证技术运用的先进性。四是可行性原则。智能会计的整体规划设计和具体方案设计，应基于企业会计管理现状和实际工作需要进行，恰当选择和运用新技术，保证智能会计平台能够在软件实施商的配合和努力下顺畅落地运行，实现企业会计管理的数字化转型，促进企业整体管理的数字化转型。

三、智能会计平台的建设思路

（一）智能会计平台的总体架构

智能会计"提升会计工作"这一目标，体现为智能会计过程中的业务驱动财务、管理规范业务两个子目标，可通过智能财务共享平台的建设和运用来实现，包括智能财务共享平台和智能管理会计共享平台两个子平台；智能会计"更好地服务于业务工作和管理工作"这一目标，体现为智能会计过程中的数据驱动管理这一子目标，可通过大数据分析应用平台的建设和运用来实现。企业需要明确智能会计平台的内部结构、外部定位、建设逻辑和建设理念，以及智能会计平台的建设框架和建设过程中的重点工作。

智能会计平台的总体架构中，除展现了平台自身内部的模块要素和模块关系之外，还需描绘该平台与企业内部及外部其他平台之间的关联关系，反映了智能会计平台在企业数字化建设中的基本定位。其中，大数据基础平台主要约定数据标准，以及数据抽取、数据转换和数据存储的规则，由数据管理组织按照数据管理流程和数据管理机制进行维护，旨在做好数据质量控制。该平台主要存储企业内部最细颗粒度的主数据、基础数据、业务数据、管理数据、财务数据，以及来自企业外部的行业数据，经济数据和环境数据等。大数据基础平台为业务经营管理平台和智能财务共享平台提供基础数据，为大数据分析应用平台提供分析所需的标准化的企业大数据。

业务经营管理平台，主要涵盖支持企业日常生产经营管理的信息系统，包括企业业务管理方面的信息系统和基础管理方面的信息系统。该平台接收智能财务共享平台传递过来的资金计划、预算等关键管控指标，遵循平台内部的基础管理规定（含规则和标准等），作为业务操作平台支持企业日常生产经营管理，作为数据采集平台向智能财务共享平台传递业务数据和管理数据（包括数字化的表单和电子化的文件附件），以完成后续会计工作和管理会计工作，同时接收智能财务共享平台反馈回来的财务处理状态和财务处理结果。

大数据分析应用平台，是基于大数据基础平台之上的分析应用平台，其分析应用的数据来源于大数据基础平台。该平台主要通过特定模型和先进算法，提供管理、业务、财务和风险等方面的主题分析，发现会计管理规律和生产经营管理规律，针对具体业务场景提供报表报告、灵活查询、预测预判、方案模拟和风险预警，在可视化展现的同时，将发现的两类经济规律分别反馈回智能财务共享平台和业务经营管理平台。

外部交易管控平台，反映了企业业务、财务和管理方面需要与企业外部对接的平台，包括总公司管控所需的信息系统和与第三方交易所需的信息系统。其中，总公司管控平台下发绩效指标和管控要求，要求企业进行相关数据报送，并将接收的行业数据向报送企业开放；与第三方交易平台之间，更多的是业务数据、业务单据、业务状态和资金状态等内容的传递。

（二）智能会计平台的建设逻辑

智能会计平台的总体架构中蕴含三个建设逻辑：一是业务驱动财务，即业务活动直接驱动会计记账。通过业务系统改造提升（加入数字化表单和电子化附件），生产经营业务直接驱动会计工作，通过人机联合完成智能稽核后自动生成准确无误的证账表等会计核算结果，经过协同合作半自动生成财务分析报告，自动生成合规的电子会计档案。二是管理规范业务，即依据标准规则规范业务活动。通过业务系统改造提升（嵌入控制标准和控制规则），公司的生产经营业务在执行过程中，受企业生产经营管理规则、财务管控标准、业务预算和资金计划等的约束。三是数据驱动管理，即借助数据洞察驱动管理提升。通过大数据基础平台的建立和大数据分析应用平台的研发，基于企业大数据，借助模型和算法进行数据洞察，发现会计管理规律和生产经营管理规律，预测经济发展趋势，形成数据洞见，从而驱动会计管理水平的提升和生产经营管理水平的提升。

（三）智能会计平台的建设理念

智能会计平台的总体架构中蕴含四大建设理念：一是大共享的理念。架构中的智能财务共享平台，既包括会计核算、会计报告等会计工作的共享，又包括资金管理、资产管理、税务管理、预算管理、成本管理、投资管理、绩效管理和管理会计报告等管理会计工作的共享，是横跨会计和管理会计两个会计工作领域的大共享。二是大集成的理念。架构中同时覆盖企业的内部系统和企业的外部系统，体现了系统内外集成化的大集成理念。其中，企业的内部系统包括业务系统、会计系统、管理系统、大数据基础平台和大数据分析应用平台，外部系统包括总公司管控平台和第三方交易平台。三是大数据的理念。架构中同时涉及企业内外部数据，体现了大数据的体量大、类型多等典型特点，隶属大数据的范畴。其中，企业内部数据主要包括基础数据、业务数据、财务数据和管理数据等；企业外部数据主要包括行业数据、经济数据和环境数据等。四是大管理的理念。架构大共享、大集成和大数据的建设，自然成就了大管理，通过规范业务管理和强化过程控制提升企业管理水平，通过服务业务经营和辅助决策支持实现会计价值。

（四）智能会计平台的建设框架

整个智能会计平台的建设，需涵盖智能财务共享平台、智能管理会计共享平台和大数据分析应用平台三个子平台的建设。旨在分别实现业务驱动财务、管理规范业务和数据驱动管理三个建设逻辑。

1. 智能财务共享平台的框架

智能财务共享平台的框架设计中需展现如下四项内容：一是智能财务共享的核心内容，包括两个平台（财务共享运营管理平台、影像管理平台），以及平台中涉及的五类业务（会计核算、会计报告、资金结算、税务会计和会计档案管理）；二是智能财务共享平台与周边系统的对接，包括企业内部的系统和企业外部的系统；三是智能财务共享平台中可能实现的智能化场景，涵盖"大智移云物区"等新技术在会计领域的单独运用或综合运用，如机器人自动化流程、光学符号识别、电子签名、物联网、人脸识别和语音交互等；四是智能财务共享平台内部，以及智能财务共享平台与周边平台之间可能传递的信息及信息流向。

2. 智能管理会计共享平台的框架

智能管理会计共享平台的框架设计中需展现如下四项内容：一是管理会计工作领域在企业管理会计工作中的落地计划，包括战略管理、预算管理、成本管理、营运管理、投资管理、绩效管理、风险管理，以及管理会计活动形成的管理会计报告；二是"智能会计的构建逻辑"中涵盖的实务工作中八项管理会计核心工作任务，包括资金管理、资产管理、税务管理、预算管理、成本管理、投资管理、绩效管理和管理会计报告；三是智能管理会计共享平台中可能实现的智能化场景，涵盖"大智移云物区"等新技术在管理会计领域的单独运用或综合运用，包括与预算和成本相关的机器人自动化流程，与报表报告相关的知识图谱、自然语言处理和语音交互等；四是智能管理会计共享平台内部可能传递的信息及信息流向。

需要说明的是，智能管理会计平台中涉及的需要基于业务、财务、管理和外部数据进行的相对综合性的预测、模拟、分析、评估、预警等复杂管理会计工作内容，将集中放置于大数据分析应用平台进行统一处理，主要涉及管理会计体系中的战略管理、风险管理和管理会计报告三部分内容。

3. 大数据分析应用平台的框架

大数据分析应用平台的框架设计中需展现如下四项内容：一是大数据分析应用平台在企业大数据平台中的定位，是基于大数据基础平台的应用展现平台，其数据采集、数据存储、数据计算和数据建模有赖于大数据基础平台；二是大数据分析应用平台的核心工作，即在各类分析和画像的基础上，紧紧围绕管理工作的四个环节展开，包括规划过程中需要的各类业务预测、决策过程中需要的各类方案模拟、控制过程中需要的各类风险预警以及考核过程中需要的各类结果评估；三是大数据分析应用平台中可能实现的智能化场景，涵盖"大智移云物区"等新技术在相对综合性的管理会计复杂工作领域的单独运用或综合运用，即对企业商业经营管理中涉及的业务分析、业务预测、业务模拟、业务预警、业务评估等内容进行方法选择、应用建模和结果展现（可视化）；四是大数据分析应用平台内部及大数据分析应用平台与周边平台之间可能传递的信息及信息流向。

4. 智能会计平台的建设要点

智能会计平台中三个子平台之间，既有区别又有联系，各自的建设要点如表4-1所示，包括核心建设逻辑、基本建设目标、关键建设基础和重点建设工作。可见，三个子平台的核心建设逻辑、基本建设目标、重点建设工作各有侧重，但这些工作却需要基于共同的 12 个方面的关键建设基础。

表 4-1　智能会计平台的建设要点

智能会计子平台	核心建设逻辑	基本建设目标	关键建设基础	重点建设工作
智能财务共享平台	业务驱动财务	会计核算标准化自动化 资金结算集中化自动化 税务计算申报自动化 会计档案管理电子化自动化	会计科目统一 表单附件统一 核算规则统一 管理模式统一 业务流程统一 合规要求统一 信息系统统一 集成方式统一 数据标准统一 数据交换统一 安全标准统一 安全举措统一	业务流程梳理 智能场景梳理 表单附件梳理 数据标准梳理 信息系统梳理 岗位职责梳理 制度文件梳理
智能管理会计共享平台	管理规范业务	预算编制分析自动化 预算控制前置化自动化 成本归集计算自动化 项目管理标准化过程化 税务风险检测智能化		数据标准梳理 智能场景梳理 岗位职责梳理 制度文件梳理
大数据应用分析平台	数据驱动管理	报表报告交互性实时化 灵活查询可用性易用性 预测预判准确性及时性 方案模拟多样性准确性 风险预警实时化可视化		数据标准梳理 智能场景梳理 模型算法梳理 岗位职责梳理 制度文件梳理

5. 智能会计平台的建设重点

智能会计平台建设旨在通过标准化、数字化和一体化建设实现智能化，建设过程中需要抓好以下五项重点工作。

一是业务流程梳理，旨在改造优化业务流程。业务流程是指业财管一体化的流程。智能会计的过程是流程再造的过程，可通过流程梳理实现。流程梳理的基本思路是：首先，梳理现有业务流程；其次，优化现有业务流程；最后，转换为智能财务共享模式下的业务流程（突出智能化场景设计和新技术匹配运用），并在智能会计和运营过程中持续优化。流程梳理过程中，可借助业财管一体化的流程图和蕴含丰富灵活信息的流程矩阵，来展现自顶向下划分层级的、业财管一体化的企业业务流程全景图。业务流程节点是表单附件的载体，其梳理是表单附件梳理的基础。

二是表单附件梳理，旨在改进表单附件，实现表单附件的标准化、电子化和数字化。智能会计的重要目标之一，是通过业务驱动财务实现核算自动化，这就需要基于实际业务大类和业务细类，针对具体业务节点，对业务发生过程中产生的核算用表单及附件进行详细梳理，包括表单编码、表单名称、表单样式、表单数据项、数据项属性，以及表单对应的附件编码、附件名称、附件内容、附件样式和附件排序等细项。表单附件梳理，可为数据标准梳理和信息系统改造提供依据。

三是数据标准梳理，旨在调整或新建数据标准。智能会计为企业数据标准梳理提供了良好契机。数据标准梳理的根本目的是数出一门、数存一处和一数多用。数据标准梳理的基本思路是从最底层业务流程节点的表单中，以及正在使用的和未来可能使用的内部管理报表中抽取数据项，合并同类数据项，并对数据项的名称、含义、参考来源和使用维度等关键属性进行规范。数据标准梳理为信息系统对接提出内容要求、格式要求和方式要求。

四是信息系统梳理，旨在改造提升和新建信息系统。智能会计是信息系统再造的过程。一方面，需要引进财务共享运营管理平台、影像管理平台、电子会计档案管理系统等全新的智能财务共享专用信息系统；另一方面，需要改造提升与智能财务共享相关的业务系统、会计系统和管理系统，以解决智能会计过程中的系统对接问题和系统整体优化问题，从而实现文件附件的电子化和数字化、财务处理的自动化（含自动稽核和凭证自动生成）以及电子会计档案归集的自动化。

五是模型算法梳理，旨在新建或优化模型算法。智能会计的另一重要目标是通过数据驱动管理实现服务业务经营和辅助决策支持，这就需要根据实际问题、可得数据和备选方案对大数据分析应用涉及的多维分析模型和数据挖掘模型以及相应算法进行梳理。模型算法梳理的目的是基于企业内部大数据（主数据、基础数据、业务数据、财务数据和管理数据）及企业外部大数据（行业数据、经济数据和环境数据等），实现对业务、财务和管理方面的多维分析，以及针对典型业务场景的数据挖掘。

第二节　智能化视域下会计的业务流程设计

业务流程设计是智能会计的基础工作之一。在探索智能会计的过程中，是从业务流程设计开始着手的。智能会计过程中的业务流程设计问题，包括业务流程梳理和业务流程优化两个阶段，涉及总体的设计目标、设计思路、设计工具、绘制工具和设计组织，以及阶段性的目标、步骤、示例、组织和结果，并在智能财务共享模式下的业务流程设计中突出体现智能化场景的设计和新技术的匹配运用。

一、业务流程概述

流程是一系列连续的、有规律的活动，在实务工作中体现为工作程序。一般情况下，企业的流程包括业务流程和管理流程。业务流程是指企业经营运作的相关程序，涉及企业供产销三个基本环节。企业常见的业务流程有六类，包括市场与客户分析流程、目标与战略设计流程、新产品开发管理流程、市场与销售管理流程、提供产品与服务流程、收款及售后服务流程。企业通过业务流程的运作，可直接为客户创造价值，保证企业自身经营目标的实现。

管理流程是指企业开展各种管理活动的相关程序。企业常见的管理流程有六类，包括战略管理流程、人力资源管理流程、信息技术管理流程、质量管理流程、会计管理流程和行政管理流程。企业通过管理活动对企业的业务进行监督、控制、协调和服务，间接地为企业创造价值。

企业在进行智能会计的过程中，以会计管理流程为主，向前追溯至业务流程，向后延伸至人力资源管理流程，是业财管一体化的流程（下文统一简称"业务流程"）；可以全面预算管理为框架，区分规划与计划、预算编制、预算执行控制、内部管控分析和绩效考核等主要业务开展阶段（即工作阶段）进行业务流程设计。

二、业务流程设计概述

（一）业务流程设计目标

业务流程设计，旨在基于智能财务共享模式改造优化现有业务流程。

（二）业务流程设计思路

业务流程设计的基本思路是：首先，梳理现有业务流程（体现业务阶段和业务责任单元），在梳理过程中体现优化思路；其次，优化业务流程，即转换为智能财务共享模式下的业务流程（体现信息系统、相关业务岗位、智能化应用场景和新技术匹配运用），并在智能财务共享落地和运营过程中进行持续优化。

（三）业务流程设计工具

在业务流程设计过程中，可借助业财管一体化的流程图和蕴含丰富灵活信息的流程矩阵，来展现自顶向下划分层级的、业财管一体化的企业业务流程全景图。

（四）业务流程绘制工具

业务流程绘制工具是办公软件系列中负责绘制流程图和示意图的软件，是一款便于互联网技术人员和业务人员就复杂信息、系统和流程进行可视化处理、分析和交流的软件。为保持智能会计三方团队业务流程绘制工具的先进性和一致性，以实现业务流程文件的可用性和共享性，三方团队初始统一，使用该软件的 2013 版本，后续根据需要和可能升级到兼容版本。

（五）业务流程设计组织

在业务流程设计过程中，需要专家团队、技术团队和公司团队三方力量优势互补，全方位开展深入合作。其中，专家团队主要由教授和博士组成；技术团队通常是指软件商实施团队，由管理人员和技术人员组成；公司团队是指智能会计项目现场工作团队，通常由公司财务处、信息中心相关人员和下属各单位（部门）推荐的财务骨干、信息化骨干等人员组成。

三、业务流程梳理

（一）业务流程梳理目标

业务流程梳理，旨在帮助会计人员了解现有业务流程的基本情况，包括流程层次、流程节点，以及流程节点的基本描述、责任主体、风险及应对问题及改进思路等，并初步对业务流程提出优化思路，为业务流程优化阶段提供工作基础。

（二）业务流程梳理步骤

业务流程梳理步骤如下：第一，专家团队提供业务流程梳理模板，建议业务流程梳理和绘制工具，教授业务流程梳理和绘制方法；第二，现场团队参照业务流程梳理模板，借助业务流程梳理和绘制工具，采用业务流程梳理和绘制方法，依据智能会计相关资料和有关业务经验，绘制业务流程图，填制业务流程矩阵；第三，现场团队与业务相关单位和部门请教、沟通和交流，以修正和确认业务流程图和业务流程矩阵。

（三）业务流程梳理方式

1. 业务流程清单

为整体把握某一业务领域的业务流程整体绘制情况，有必要整理业务流程清单，列明业务流程的序号、名称、参考标准、梳理状态、绘制人、绘制日期、审核人和审核日期等内容。

2. 业务流程图

企业常用的业务流程图包括泳道式流程图和矩阵式流程图。其中，泳道式流程图，是现代企业比较常用的一种流程图。这种流程图的每条冰道分别代表一个岗位或者一个部门，岗位和部门都是具体任务的执行者，图中所表示的职责和任务，应与部门职责和岗位职责完全一致。矩阵式流程图，是国际上通用的一种流程图。这种流程图分纵向和横向两个方向，纵向表示工作的先后顺序，横向表示承担该项工作的部门和职位。利用纵向、横向两个方向的坐标，可以解决先做什么、后做什么的问题，也可以解决各项工作具体由谁来负责的问题。

智能会计业务流程可以以矩阵方式呈现，由纵向泳道和横向分隔组合而成，服务于企业业务本身的组织和管理。其中，纵向泳道为业务流程的相关业务单元，旨在展现业务流程在相关业务单元之间的流转程序，以及业务单元之间的职责划分；横向分隔为业务流程的相关业务阶段，旨在展现业务流程在不同业务阶段之间的流转程序。业务阶段需基于全面预算管理框架，从规划与计划开始，到预算编制、预算执行控制，再到内部管控分析和绩效考核，以体现业财管一体化思路。

3. 业务流程矩阵

为描述现有业务流程节点的详细信息，包括现有流程的基本描述和优化思路，可借助业务流程矩阵，列明每一流程的节点名称、负责部门、负责岗位、功能描述、业务模型、信息处理、可能风险和应对措施，以及主要问题和改进思路。

（四）业务流程梳理组织

在业务流程梳理过程中，三方团队的具体分工如下：由专家团队进行清单起草、模板设计和优化指导；由现场团队进行流程清单修正、流程图绘制和流程矩阵填制；由技术团队提供经验支持。

四、业务流程优化

业务流程优化，着重使用电子控制系统技巧，即取消、合并、重排和简化四种技巧的组合，是指在现有工作方法的基础上，通过取消、合并、重排和简化四个步骤，对现有组织、工作流程、操作流程以及工作方法等方面进行持续改进。

（一）业务流程优化目标

业务流程优化，旨在基于业务流程梳理阶段的工作成果——现有业务流程和业务流程优化思路，结合业务流程在落地应用过程中涉及的信息系统和信息系统操作人员，对业务流程进行设计，形成系统应用流程。业务流程优化过程，也是智能财务共享模式下的业务流程设计过程。

（二）业务流程优化步骤

要想使设计后的业务流程能够顺利、正常地运作，还需要进行相关的配套设计，包括计划、部门、岗位、制度、绩效、报表和信息技术，即流程优化方案需要与这七个方面有机结合，方能顺利落地实现。

业务流程优化步骤如下：第一，专家团队提供业务流程优化模板和智能会计相关信息系统清单，建议业务流程优化和绘制工具，教授业务流程优化和绘制方法；第二，现场团队在前期梳理的业财管一体化业务流程的基础上，参照业务流程优化模板，借助业务流程优化和绘制工具，采用业务流程优化和绘制方法，与智能会计软件商的技术团队一起，设计和绘制智能财务共享模式下的业务流程图，即系统应用流程图；第三，各直属单位（部门）对系统应用流程图进行集中评审，提出具体评审意见；第四，现场团队根据评审意见，对系统应用流程图进行修正和确认；第五，技术团队将确认后的系统应用流程图固化到智能财务共享平台中。

（三）业务流程优化组织

业务流程梳理过程中，三方团队的具体分工如下：由专家团队进行模板设计和优化指导，由公司团队牵头进行流程清单起草和流程图绘制，由技术团队进行流程清单确认和流程图修正，由公司主要财务领导、财务骨干和会计师事务所专家进行流程图评审。

第三节　智能化视域下会计的制度体系设计

会计制度设计是智能会计基础工作之一，也是智能会计过程中的重点工作之一。

一、智能会计制度设计目标

智能会计制度体系的总体设计目标为：规范智能会计运营管理工作，明确各单位（部门）在智能财务共享中的管理原则及权责划分，确保各单位（部门）借助智能财务共享平台依法、合规、有序地完成会计工作，以改善会计信息质量、提高会计工作效率、降低会计工作成本和提升会计合规能力。

二、智能会计制度体系总体框架

智能会计制度体系总体框架包括会计制度和智能会计运营管理制度。其中，会计制度包括会计核算制度和会计管理制度；智能会计运营管理制度，总体上可区分为国际金融公司运营管理制度和平台运营管理制度，平台又可区分为智能财务共享平台和智能管理会计共享平台。

三、智能财务共享制度清单

智能财务共享的制度清单包括：管理办法，侧重管理原则、管理模式、组织架构、岗位设置和管理流程等；日常运营管理办法，侧重日常运营管理问题，其中，现场管理办法和标准化管理办法根据现场工作实际情况拟定，其他管理办法可根据"智能财务共享的运营设计""智能财务共享建设和运营的风险管理"相关内容拟定；智能会计研究管理办法，侧重研究目标、研究团队、研究方式、研究内容和研究结果采用等；智能财务共享管理办法，侧重管理原则、管理模式、组织架构、岗位设置和管理流程等；智能财务共享平台日常运营管理办法，侧重管理目标、管理原则、管理流程和权责划分等，具体核算自动化规则侧重核算内容、核算流程、账务处理、附件要求、稽核要点和风险提示等；智能财务共享平台操作手册，侧重文档目标、操作流程、操作步骤和操作注意事项等。

四、智能财务共享制度设计建议

为确保制度的系统性、标准化和实用性，有必要成立专门的智能会计制度建设小组，按统一规范和标准模板拟定智能会计相关制度。制度需结合企业会计管理工作实际及智能财务共享平台的建设运行情况拟定，旨在规范智能财务共享平台稽核管理工作，明确各单位（部门）稽核工作的管理原则及工作要求，确保各单位（部门）借助智能财务共享平台规范会计稽核工作，严格落实会计稽核责任。

在智能会计过程中，智能会计制度体系建设是会计组织规划、业务流程设计、会计平台建设和运营的重要保障，需要企业重点关注和着力推进。当然，在智能会计相关的会计制度建设过程中，会涉及制度的规划、梳理、编写、发布和持续优化等多个环节，且每个环节具有一定的周期性，这就需要企业在智能会计规划设计方案中，尽早考虑智能会计制度体系的设计目标、总体框架和制度清单。但鉴于智能会计和运营过程中，需要规范的方面甚多，涉及的制度较为庞杂，而制度建设小组的时间精力有限，建议企业按制度的轻重缓急程度有序安排、拟定和发布，坚持按计划—执行—检查—修正质量管理循环对每一项智能会计制度和智能会计制度体系整体进行持续优化。

第四节　智能会计信息系统总体功能需求设计

一、智能会计信息系统的概念与特征

"智能"既是一个生物学的概念，也是一个哲学概念，包括意、自我、思维等诸多问题。本书研究的"智能"则主要指人工智能领域，即如何借助于智能化的理论和方法实现对会计信息系统的再造。

（一）智能会计信息系统的概念

根据人工智能学科的基本思想和基本内容来看，人工智能是研究人类智能活动的规律，构造具有一定智能的人工系统，研究如何让计算机去完成以往需要人的智力才能胜任的工作，也就是研究如何应用计算机的软硬件来模拟人类某些智能行为的基本理论、方法和技术。

对于智能会计信息系统而言，则可以理解为如何应用现代互联网技术模拟人类的智能行为，实现对会计活动进行管理的系统。

（二）智能会计信息系统的基本特征

智能系统与传统系统的一个重要区别在于：智能系统具有现场感应（环境适应）的能力。所谓现场感应指它能与所处的现实世界通过感应、抽象、交往进行交互，并适应这种现场。这种交往包括感知、推理、学习、判断并做出相应的动作。这也就是通常人们所说的自组织性与自适应性。

1. 智能会计信息系统的对象是经济管理过程

过程是指为了达到某个目标而进行的活动的集合。这些活动按照一定方式组织，即要求某些活动作为其他活动的前驱。每个活动可以包括多个属性，如输入数据、任务执行者、时间约束等，同时活动也可分解为更低层级的子活动。

活动是构成业务流程的基本行为步骤，各个活动之间按照一定的顺序执行，并且有特定的流向，有具体的开始活动和结束活动；连接是指对业务流程活动之间处理逻辑和时间逻辑的描述，分为定义活动执行顺序的控制连接和表示数据关联性的数据连接；路由是指业务过程所经过的活动和连接的时序排列，它描述了业务过程执行的具体路径，并通过在连接点上的决策实现动态调整和控制；参与者是指全部或部分参与业务过程执行的实例中所使用的各类资源；角色是指在组织中具有特定能力的参与人；数据源是指用于活动存取的数据介质的集合。

对一个业务过程的描述往往就是对上述各个要素及其相互关系的抽象和定义。

因此，智能会计信息系统描述和管理的对象就是经济管理过程，其是对组成经济管理过程的参与者、角色、资源、数据进行统一管理的系统。

2. 智能会计信息系统是一个工作流系统

工作流系统按照人或组织的工作过程来组织和开发信息系统，因此，工作流系统更符合对经济管理活动的认知规律，智能会计信息系统应该是一个工作流系统。

在信息系统中，工作流的管理是通过对业务流程管理来实现的。智能系统具备对企业业务过程执行、管理、控制和优化能力，这就是智能系统的应用特征。过程执行能力是指信息系统可以通过对涉及过程执行的人、设备、应用程序等资源进行合理地调用和配置，保证业务过程的顺利执行；过程管理能力是指通过过程模型的定义，可以"显式"地表达过程执行的逻辑和先后次序，识别当前执行的活动在整个过程中所处的位置，根据活动执行的上下文判定过程执行的合规性，选择合理的过程执行路径；过程控制能力是指可以通过过程监控工具及时掌握和控制过程执行的进度并对执行效率做出评价；过程优化能力是指借助于过程挖掘技术，从大量的过程执行日志文件中抽取业务流程、组织角色、执行实例等方面的知识，实现对过程模型的动态修正和智能化升级，从而支持系统的自适应、自学习能力，实现企业管理流程的持续性优化。

从业务流程管理角度分析，智能信息系统支持企业业务流程管理和业务流程治理，通过业务流程的柔性化改造和人工智能相关技术的引入，构造能够敏捷响应企业内外部变化，具有自适应和自主学习能力的信息系统。

3. 智能会计信息系统应具备对经济业务的感知能力

在现代汉语词典中，对感知的解释是："客观事物通过感觉器官在人脑中的反映，比感觉复杂、完整。"智能是指对业务过程进行识别并做出分析和反馈的能力。企业的感知能力不同，所感知的非确定性程度也不同，因此而采取不同的应对策略。感知过程可进一步划分为三个阶段：识别阶段、分析阶段和反应阶段。在识别阶段，企业借助于深入到业务部门的触角对来自外部的环境信息（如政策变更、客户需求等）以及内部的状态信息（如产能、财务状况）等进行捕获和归集；在分析阶段参照知识库对捕获的信息进行分析提炼、消除噪音；在反应阶段根据经验和规则做出反馈动作并加以控制。相应地，在三个阶段企业应具备的能力称之为识别能力、分析能力和反应能力。上述三个阶段构成了一个完整的"感知"过程。如图 4-1 所示。

识别阶段（识别能力）→ 分析阶段（分析能力）→ 反应阶段（反应能力）

图 4-1　感知的三个阶段

因此，感知是指企业及时捕获内部和外部的环境变化信息，参照企业知识库进行分析，并利用规则库提供的规则做出反馈动作的过程。这一概念源自业务流程柔性化的思想，当一个事件发生时（客户订单），企业及时捕获相关信息（客户关系、订单量、企业内部生产能力、运输能力等），并根据企业的知识库对上述信息进行分析（何时交货、价格确定），进而做出反馈（下达订单、订单执行跟踪、成本核算）。感知强调借助于信息系统实现三个环节的无缝链接，尽可能排除人工过程和部门权限划分对业务流程执行的影响，迅速配置资源完成任务，提高业务流程柔性。

4. 智能会计信息系统应具备对经济管理活动的推理能力

推理，逻辑学指思维的基本形式之一，是由一个或几个已知的判断（前提）推出新判断（结论）的过程，有直接推理、间接推理等。在人工智能领域，"推理"是指借助于已知事实和知识规则，按照一定的推理算法，推导结论或验证假设是否成立的过程。一般的推理过程包括：①根据用户的问题对知识库进行搜索，寻找有关的知识（匹配）；②根据有关的知识和系统的控制策略形成解决问题的途径，从而构成一个假设方案集合；③对假设方案集合进行排序，并挑选其中在某些准则下为最优的假设方案（冲突解决）；④根据挑选的假设方案去求解具体问题（执行）；⑤如果该方案不能真正解决问题，则回溯到假设方案序列中的下一个假设方案，重复求解问题；⑥循环执行上述过程，直到问题已经解决或所有可能的求解方案都不能解决问题而宣告"无解"为止。

智能会计信息系统应具备对经济管理活动的推理能力，也就是说在业务发生时，系统能够根据感知到的状态和数据信息，对当前发生的活动进行判断和分析，推理判断活动的性质和特征，并做出相应的反馈。

5. 智能会计信息系统应具备对经济管理活动的学习能力

学习能力在人工智能环境下是指机器学习。机器学习是一门多学科交叉专业，涵盖概率论知识、统计学知识、近似理论知识和复杂算法知识，使用计算机作为工具并致力于实时的模拟人类学习方式，并将现有内容进行知识结构划分来有效提高学习效率。

机器学习是研究怎样使用计算机模拟或实现人类学习活动的科学，是人工智能中最具智能特征，最前沿的研究领域之一。自近几十年以来，机器学习作为实现人工智能的途径，在人工智能界引起了广泛的兴趣，特别是近十几年来，机器学习领域的研究工作发展很快，它已成为人工智能的重要课题之一。机器学习不仅在基于知识的系统中得到应用，而且在自然语言理解、非单调推理、机器视觉、模式识别等许多领域也得到了广泛应用。一个系统是否具有学习能力已成为是否具有"智能"的一个标志。机器学习的研究主要分为两类：第一类是传统机器学习的研究，该类研究主要是研究学习机制，注重探索模拟人的学习机制；第二类是大数据环境下机器学习的研究，该类研究主要是研究如何有效利用信息，注重从海量数据中获取隐藏的、有效的、可理解的知识。

会计的基本职能之一是"观念总结"，观念总结的本质实际上就是一个学习的过程，在 IT 技术的支持下，如何让会计信息系统具备学习能力，能够从海量的数据中抽取支持会计管理、决策的相关知识，应该是智能会计信息系统具备的基本特征。

二、基于不同构建方法的会计信息系统比较

从会计信息系统构建方法角度分析，会计信息系统在其发展历程中采用了不同的概念模型，主要有传统借贷会计模型、事项会计模型、数据库会计模型和计算机会计模型等。习惯上将基于传统借贷会计模型构建的会计信息系统称之为传统会计信息系统，而将基于计算机会计模型构建的会计信息系统称之为现代会计信息系统。事项会计模型和数据库会计模型本质上与计算机会计模型一致，且并未得到较为广泛的应用和研究。因此，本节主要以传统借贷会计模型和计算机会计模型构建的会计信息系统为参照，与智能的会计信息系统进行比较和分析。

（一）会计模型及其评价

1. 传统借贷会计模型概述

传统会计信息系统的目标是反映组织的财务状况，它使用借记和贷记的方法记录各种账户的金额，运用会计科目对经济业务事项进行分类反映，并进行汇总及输出财务报告。因此，会计学术界一般将传统会计信息系统称为借贷会计，而将该模式会计所反映的组织财务视图称为传统借贷会计模型。

传统借贷会计模型采用凭证和账表表示和记录组织的资金运动，反映组织的财务

状况、经营成果和财务情况变动或资金流动情况。

2. 会计模型评价

无论是在手工会计核算中还是早期的会计电算化软件均采用了传统借贷会计模型，即使是在目前的企业管理软件中仍然保留了它的痕迹。该系统存在相关弊端，主要有以下几点。

弊端一：仅采集组织业务事件数据的一个子集——会计事项数据。会计师通过判断一项业务活动是否影响组织的财务报表来鉴定该业务事件是否应记入会计系统。

弊端二：数据并没有被实时记录和处理。传统会计信息系统的账户余额从来不是当前时点的余额。会计数据通常是在业务发生后收集，而不是在业务发生时实时采集。

弊端三：仅存储、处理会计事项的部分数据。传统会计系统并没有采集业务活动的全部数据，而只采集业务活动数据的一个子集——主要是会计事项的日期和其财务影响。传统会计记录会计事项的货币计量结果，而不包括信息客户所需的诸如生产力、执行情况、可靠性之类的其他信息。为了弥补这种不足，传统会计使用越来越多的脚注来披露这些信息。由于信息用户不能获取关于业务活动的详细信息，他们管理业务活动的能力就受到了限制。

弊端四：以高度汇总的方式重复采集、存储数据。在传统的会计模型中，原始凭证包含了业务活动的详细数据。这些业务活动的一部分数据被记入会计系统中。先是汇总记入日记账，然后在此基础上进一步汇总记入分类账。这种处理方法重复存储数据——同样的数据被存储多次，区别仅在于汇总程度不同。数据被汇总记入日记账或分类账后，就难于将其分解以反映业务的本来面目。

弊端五：只存储能满足主要视图需要的数据。传统会计未能存储数据以满足对业务活动的不同视图，它只是按照会计科目表来组织数据以编制财务报表。传统会计信息系统要求用户预先确定他们想了解业务活动哪些方面的信息，以此制定账户分类方案，依据这个账户分类方案来存储、汇总数据。这就限制了用户所能得到的信息种类，使管理者不能从多个不同角度探究、分析所采集的数据。

上述弊端的产生主要限于当时的管理环境和技术水平，传统借贷会计较好地满足了企业科层制管理体制，以满足财务部门信息加工为主要目的，限于"收益>成本"的原则，仅采集、加工和报送涉及货币计量的财务信息，并通过高度汇总方式向信息使用者提供会计信息。

但从目前应用的情况看，该模式仍具有强大的生命力，甚至在较长的一段时间里仍然会占据主流，传统借贷会计仍具有一定的优势，主要有以下两点。

优势一：从产生到现在经历了数百年的发展，形成了完整的概念框架和较为完善的公认会计原则体系，并形成了较为稳定的理论和应用体系，信息技术的发展没有从根本上对其带来变革。

优势二：以高度汇总方式对外提供会计信息更符合信息论的基本规律。相关人员认为，量度信息的基本出发点是把获得的信息看作用以消除不确定性的东西，因此信息数量的大小可以用被消除的不确定性的多少来表示，也就是信息熵的概念①。信息熵的概念揭示了信息传递的基本规律即以最小量的信息来尽可能地消除不确定性，单纯地依靠增加信息供给量并不能有效解决信息有用性的问题，相反还有可能带来信息的大量冗余。传统借贷会计恰恰是经过长期的发展演变，不断形成了相对稳定的信息供给的最小集（财务报告），尽管由于环境变化和对会计信息相关性要求的提高，这一最小集受到了尖锐的批评，但在目前仍然是主流的会计信息提供方式。

（二）计算机会计模型及其评价

1. 计算机会计模型概述

计算机会计模型有三大特点：数据库导向、语义导向以及结构导向。数据库导向是指以最原始的水平存储数据，不以财务视图过滤数据。语义导向是指以直观易懂的方式反映经济业务活动的本来面目，不使用抽象的概念（如借、贷、会计科目）描述经济现象。结构导向是指以资源、事件和参与者的形式捕获经济业务数据，并以它们之间所存在的存流关系、控制关系和双重关系的形式记录数据；不把财务过程和业务过程相分离。

按照该会计模型，会计信息系统将采集事件（如采购订货、验收材料、支付货款），以及事件涉及的资源（如材料、现金）、参与者（如公司职员、供应商、银行）、发生时间和地点等原始的未经处理的详细数据，存放于包含事件表、资源表和参与者表的集成数据库中，通过报告工具生成用户所需的视图，从而支持各层次、各职能领域的信息需求。计算机会计模型的实现能从根本上解决传统会计信息系统难以满足会计报告的实时性和多视角的问题，解决业务数据的重复采集和储存的问题。该会计模型的基本构成如图4-3所示。

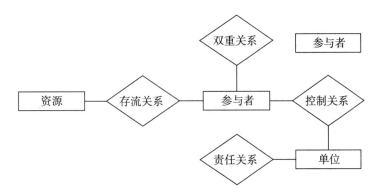

图4-3　计算机会计模型的基本构成

---

① 于振华.大规模复杂系统认知分析与构建 [M].北京：国防工业出版社，2019：39-40.

2. 计算机会计模型评价

该会计模型的提出是为了弥补传统借贷会计模型的不足，但从本质上讲，并不是对传统借贷模型的否定。二者都是通过对实体—关系的描述来构建面向数据的概念模型，其优势如下。

优势一：该会计模型不以抽象的借、贷描述经济活动，而是还原了经济活动的本来面目，即忠实地记录业务发生的各个侧面的信息，以便于信息的多维度汇总和检索。

优势二：较为有效地支持了业务活动和会计数据采集的集成，为财务业务一体化目标的实现奠定了基础，从而可以有效支持会计信息处理实效性的提高。

优势三：较为支持控制活动和业务活动的集成。通过对事件、参与者、资源及其相互关系的描述和抽象，实际上概括他们之间的控制关系，从而可以支持控制活动和业务活动的集成。

但从计算机会计模型的理论研究和应用研究情况来看，理论研究超前于应用研究。从 20 世纪 80 年代到现在，理论研究一直没有间断，但应用研究在 20 世纪 90 年代初达到高潮，再后来就很少有了。计算机会计在理论和应用领域还存在一些弊端，主要有以下几点。

弊端一：计算机模型只是一种数据模型，数据模型只是从数据结构这个侧面来反映系统，并不能从功能和结构等非数据方面解释系统，无法说明会计信息系统的基本原理、规则以及具体处理方法。

弊端二：计算机模型的实质是实体—关系模型的扩展，它仍然是面向对象方式，适宜对静态数据的描述，而无法支持企业的业务过程。

弊端三：计算机模型本身理论和概念还具有一定的模糊性，在实施领域缺乏完整的实施方法和技术支持。

弊端四：计算机模型反映了事件及其相关的属性和特征，但并没有揭示事件之间的逻辑关系，它更多情况下描述的是企业业务执行过程的一个静态数据"剖面"。

（三）智能化会计模型及其评价

1. 智能会计模型概述

该模型的突出问题是它仅描述了业务过程中某一事件的静态数据，而无法反映整个流程执行过程的逻辑和时间序列，对流程的支持能力较弱。而面向过程的会计业务模型，它的优势在于对流程执行的管理和控制，但缺乏对数据管理的支持，因此，可以将二者结合，构建智能化的会计模型。智能化会计模型的核心之一是工作流技术，按照国际工作流管理联盟的定义，工作流是业务流程的全部和部分自动化，在此过程中，文档、信息或者任务按照一定的规则流转，实现组织成员间的协调工作以达到业务的整体目标[①]。工作流管理的关键是工作流建模，以控制工作流管理系统的执行，实现企业业务过程的自动化二在工作流模型中，不仅包括过程控制所需的逻辑，还涉及参与者信息和相关数据等。因此，工作流模型也可分为过程模型、组织模型和信息模型三个子模型，其中过程模型是核心。按照过程的定义，过程是一组活动或任务的集合，活动和任务在一定条件下，也可理解为事件，而过程模型实际上反映了事件及事件的执行逻辑和顺序。因此，可以考虑将过程模型和智能化模型相结合，共同构建智能会计模型。

从研究现状来看，智能化模型设计中已经体现了面向过程的思想，之后相关学者在原智能化模型构件的基础上添加了进程的概念，进程的输入端表示资源的减少，进程的输出端表示资源的增加。这样一个进程相当于生产函数，并指出"从整体上看，通过二元关系把公司多个独立经济事件连接成为经济进程，通过流入—流出关系把这些经济进程连接成企业价值链"[②]。扩展型会计模型采用语义建模的方法从业务过程视角捕获和表示组织关键的资源、事件和参与者数据，能为财务过程和业务过程的集成以及会计信息系统和其他信息系统的集成提供统一的数据模型，这非常迎合业务流程再造和信息系统集成的观点。

从技术层面看，智能会计模式中定义的资源、事件、参与者等相关概念与业务流程定义中的相关概念相吻合，因此将该模型嵌套到工作流背景中，通过工作流模型描述事件及事件之间的逻辑关系，建立过程模型和组织模型；通过该模型描述过程执行中的会计信息模型，其原理如图4-4所示。

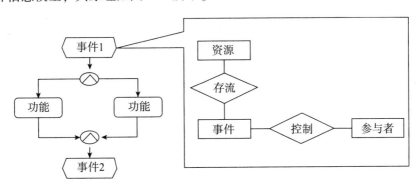

图4-4　智能会计模型示意图

2. 智能会计模型评价

智能会计模型在构建理念上融合了工作流模型和计算机模型的优势，既能够通过计算机模型捕获会计专业领域的相关信息和数据，又能够通过工作流模型描述事件及

---

① 郑晓东. 工程设计领域的知识管理：从信息化到知识化的实践智慧［M］. 南京：东南大学出版社，2017：67-68.

② 崔春. REACA 扩展模型研究［M］. 北京：首都经济贸易大学出版社，2018：48.

事件之间的逻辑关系，同时还引入了人工智能的思想，实现事件逻辑控制的自动化和智能化。其优势如下。

优势一：面向企业业务流程构建会计模型。将反映静态信息的计算机模型和反映业务流程变化的动态过程模型结合起来，不仅反映资源、事件、参与者的状态，而且描述其发展和变化的规律。符合目前企业管理流程化的发展趋势，能够充分支持业务流程的持续改进，支持会计业务流程的柔性化。

优势二：强化了会计控制职能的发挥。在该模型中添加了控制功能，但控制仅限于事件本身以及围绕事件的各项资源之间的控制关系，并不能从流程整体的角度对事件及事件风险进行描述，控制功能更多地体现在具体的控制活动层面。而智能会计模型则通过对事件逻辑关系和执行路径的定义和描述，可以从流程层面识别企业风险并加以恰当控制。同时，逻辑关系的独立描述和定义也可以帮助企业管理层、执行层和外部相关利益者了解企业的控制和管理措施，有利于沟通和协调。

优势三：支持会计业务流程的扩展。通过过程模型和计算机模型的组合，可以把会计模型的结构和概念不断地扩展，它的建模粒度向上扩展到价值链、向下深入到业务过程和业务事件，从而形成支持企业业务事件层、业务过程层和价值链层的概念模型。

优势四：有助于会计管理功能的发挥。服务于企业内部的管理会计具有更大的灵活性，固化的管理模式并不能适应企业的多样化需求。智能会计模型提供了会计管理功能向业务流程活动嵌入的途径。通过合理的事件粒度划分，可以抽象出会计领域特定的服务和功能，通过过程模型的定义和控制，可以将管理需求通过事件逻辑关系的描述加以表达。预算管理、成本管理、责任会计等相关内容可以融合到企业业务流程中。

优势五：为企业会计业务流程执行的智能化提供支持。对事件逻辑关系的抽象不仅可以控制事件的执行顺序，也可以通过对事件执行轨迹的记录、跟踪和比较发现流程执行的更优路径，通过对事件日志文件的挖掘，发现并优化业务流程，实现业务流程优化的自适应和自学习。

但从理论和应用角度分析，智能会计模型还存在以下一些弊端。

弊端一：智能的信息系统虽然在近几年得到广泛的应用，但在概念结构、理论支持方面，还尚未形成较为完善的理论体系。在企业管理领域的应用主要集中在金融、保险等方面，在会计领域采用智能方法还相对较少。

弊端二：智能会计模型的引入必然会导致企业业务流程的重组和优化。相对于过于激进的业务流程重组，智能会计模型更倾向于业务流程管理，不强调企业管理模式的彻底变革，而是关注于企业经营管理环境变化，推进人与人、人与系统以及系统与系统之间的整合及调整，归纳和总结最佳的实践路径和解决策略。但从实践来看，由于和传统的流程有较大的冲突，在实施过程中可能会有难度。

因此，智能会计模型并不是彻底的创新，它是对工作流模型和计算机模型的融合和发展，是对二者优势的继承和发展。它既保留了会计专业领域建模的特点和优势，又融合了面向流程管理的思想和方法，同时也符合现代企业管理改进的需求和信息技术发展的趋势，因此基于智能会计模型构建会计信息系统成为可供选择的路径之一。

三、智能会计信息系统功能需求分析

需求分析的主要任务是明确系统应该做什么，是对信息系统总体功能的逻辑概括和表达。通过需求分析可以明确智能会计信息系统的主要功能和系统边界。按照系统论的观点，任何系统的设计必须服从于一定的目标，会计信息系统也不例外。因此，必须在明确会计信息系统目标的前提下，按照业务流程的观点对会计业务流程进行分析，明确智能会计信息系统应具备的功能。

（一）会计业务总体流程分析

会计业务流程是服务于会计目标的一系列会计活动，按照一定方式组成的集合。随着会计目标的变迁，会计业务流程也不断改进和完善。

根据会计信息在契约执行中的作用可以将会计业务流程分为四大类：一是公司内部治理层、管理层和会计组织间以风险规避和合规为目的的内部控制流程；二是以满足企业内部管理者决策为主要目标的管理和决策流程；三是企业与其外部协作伙伴之间的协同过程；四是企业相关利益者接受企业披露的会计报告，并通过证券市场、监管机构向企业施加影响的过程。在实际执行中，各个流程并不是相互孤立存在的，而是相互依存共同达到既定的流程目标。例如，在会计报告披露过程中，同样存在会计报告内部控制过程，以保证会计报告符合会计信息质量特征。按照业务流程管理的观点，一是任何一个业务过程均是上述各类流程的结合体，即为达到特定目标的增值活动；二是对构成业务流程的各项活动在空间、时间和承担角色以及进行转换安排的控制和管理活动；三是为保证产品或服务质量而进行的必要资源分配和协同活动。在智能会计信息系统中，以业务流程为纽带，实现了增值活动、控制活动、资源分配活动、协同活动的一体化。

（二）智能会计信息系统主要功能分析

根据对会计业务流程的总体描述，会计报告流程、内部控制流程、会计决策流程和会计业务协同流程构成了会计业务流程的主体，同样在智能会计信息系统中，它们也构成了系统的核心功能。

1. 柔性化会计报告功能

按照业务流程管理的观点，业务流程重组的主要方式之一是面向客户或服务设计业务流程。会计信息系统的最终产品是会计报告，因此，满足企业及其相关利益者对会计报告的需求是会计信息系统的主要功能。无论是在早期的传统借贷会计、计算机会计还是智能的会计信息系统，提供用户满意的会计报告始终是系统构建的主要目标。相对于前二者而言，智能会计信息系统在报告功能上体现出更大的柔性和综合性。

柔性是报告灵活度的体现，构造柔性报告的关键点在于两个层面：一是实现报告方式的转变，改变由信息提供者按照既定的规则向信息使用者提供相关报告的方式，将报告提供的主动权让渡给信息使用者，由信息使用者确定需要获取哪些信息，并借助于专门的辅助工具实现信息获取；二是报告编制的规则和逻辑可见，即报告加工规则和逻辑是可"感知"的。传统的会计报告过程更类似于一个"黑箱"，用于编制财务报告的基础数据仅按照特定财务报告的需求采集，无法反映业务过程的全貌，报表编制规则完全由信息提供者掌握，信息提供者即可能选择有利于自身利益的规则加工会计报告，也可能出于某种目的有选择性地披露信息，从而降低会计报告的价值。智能会计信息系统将报告加工规则和逻辑显式定义在过程模型中，信息使用者可以了解信息加工过程，甚至选择不同的加工逻辑对同样的数据进行处理来比较结果差异，从而有效的支持决策。

智能会计报告系统的综合性体现在：基于传统借贷模型生成的会计报告仅仅是综合报告的一个子集。在综合报告中，既包括财务报告，也包括内部控制评价报告甚至有关信息审计和鉴证报告，它们均按照柔性报告的机制在同一个平台支持下完成报告任务。

2. 内部控制功能

智能会计信息系统将业务逻辑从应用程序中抽取出来并通过过程模型加以描述，从而实现了业务执行逻辑和管理规则的"显式"表达。智能会计信息系统对内部控制的支持体现在三个方面：一是实现结果评价向过程控制的迁移，目前的会计信息系统主要借助于绩效评价的方式对执行过程进行事后评价，有一定的滞后性，智能会计信息系统可以通过过程监控工具监控过程的执行，并自动探知过程执行的状态及时调整过程执行策略，实现了过程模型向过程实例的动态迁移；二是"显式"的过程模型定义为会计信息的使用者提供了有效的沟通方式，会计信息的使用者均可以通过过程模型定义了解业务流程执行的各项规则和控制策略，有助于内部控制制度的实现，提高会计信息的可靠性；三是可实现对过程执行涉及资源（人员、信息、应用程序等）的控制，也可对过程中任务执行路由的控制，可以帮助企业管理层及时识别控制过程，从总体上了解过程执行风险，并加以适当的控制。而基于传统借贷和计算机构建的会计信息系统较为缺乏对业务过程整体的控制能力。

3. 科学决策与管理功能

决策是管理的核心。一般而言，决策流程包括三个环节：分析、预测和决策。分析是根据历史数据和环境变量对已经发生的事项进行评价，查找问题的原因；预测是根据内外部情况对未来发生事项的可能性做出评估和判断；决策是指综合各种因素，结合目标和风险偏好，在众多的可能性中选择最有利于决策者的选项。三个环节相互衔接、密不可分。

传统的会计信息系统对决策的支持能力较弱，主要通过静态的指标对企业财务状况做出分析和评价，决策则主要通过人工方式进行。在现代信息技术的支持下，特别是大数据技术的成熟，信息系统对财务决策的支持能力得到强化。一方面，企业可以借助于大数据技术，实现对分布式数据、非结构化数据、海量数据的动态实时处理，大大提高了决策的效率；另一方面，智能会计信息系统中引入大量算法和模型，支持复杂的决策行为，通过决策方法的改进提高决策的科学性。此外，会计决策过程和会计核算过程通过系统连接为一个整体，而不是孤立的两个系统，从而使实时决策成为可能。

4. 跨企业的会计业务协同功能

会计协同功能是在业务流程扩展到企业间甚至企业群落背景下，会计信息系统应具有的功能。从协同内容上看，实现从简单的数据协同向多层次协同转变。目前的会计信息系统主要通过数据交换方式实现数据协同，即结果协同，协同效率低下；在业务流程多变的背景下，过程协同的重要性逐渐被认可，协同双方均希望通过过程协同提高效率。从协同方式上看，传统的点对点的协同已不能满足企业业务流程管理的需求，特别是在 Web2.0 支持下，企业的业务流程更多地表现为一个社区或一个企业群落之间的协同。因此，智能会计信息系统应具备支持多层次、多对多之间的协同功能。

四、智能会计信息系统性能需求分析

信息系统的功能是满足使用者的用途，性能则是指达到功能要求的质量特征。在信息系统的研究中，不仅要注重功能的分析，同时也必须分析信息系统的性能需求，根据智能会计信息系统的工作原理和技术结构，其应具备三个性能指标。

（一）灵活性

智能会计信息系统的灵活性主要体现在三个层面：一是系统构建方式的灵活性。前已述及，智能会计信息系统采用云原生技术和分层架构，系统的各项功能被封装在容器中，系统的构建可以通过对各个功能容器的组装而获得，系统构建避免了单纯的硬编码方式，提高了系统构建的灵活性。二是系统应用方式的灵活性。智能系统随需而变的特征能够快速满足用户的个性化需求，用户需求的改变不是通过代码修改完成，而是通过对标准部件的重新组合获得，同时借助于云服务模式，实现应用的快速部署和灵活配置。三是用户业务流程的灵活性。在智能化系统中，自主学习和自适应是基本特征，系统可以根据用户需求和执行状态，智能化地选择执行路径和执行方式，从而提高业务流程的灵活性，并通过自主学习能力增强系统的适应性。

（二）兼容性

兼容性是指硬件之间、软件之间或是软硬件组合系统之间的相互协调工作的程度。在智能化系统中，系统的构建更多的是通过各类资源和组件的配置协同实现的。因此系统的兼容性是非常重要的指标。

兼容的前提是标准化。标准化是指在经济、技术、科学和管理等社会实践中，对重复性的事物和概念通过制订、发布和实施标准达到统一，以获得最佳秩序和社会效益。标准化为科学管理奠定了基础。所谓科学管理就是依据生产技术的发展规律和客观经济规律对企业进行管理，而各种科学管理制度的形式都是以标准化为基础的。例如，在网络领域，开放式系统互联是一个开放性的通信系统互连参考模型。OSI 模型有 7 层结构，每层都可以有几个子层。开放式系统互联的 7 层从上到下分别是 7 应用层、6 表示层、5 会话层、4 传输层、3 网络层、2 数据链路层、1 物理层；其中高层（即 7、6、5、4 层）定义了应用程序的功能，下面 3 层（即 3、2、1 层）主要面向通过网络的端到端的数据流。

兼容的第二个基础是分层技术。大多数的计算机网络都采用层次式结构，即将一个计算机网络分为若干层次，处在高层次的系统仅是利用较低层次的系统提供的接口和功能，不需了解低层实现该功能所采用的算法和协议；较低层次也仅是使用从高层次系统传送来的参数，这就是层次间的无关性。因为有了这种无关性，只要新的模块与旧的模块具有相同的功能和接口，即使它们使用的算法和协议都不一样，层次间的每个模块也可以用一个新的模块取代。分层技术可以很容易地讨论和学习协议的规范细节，层间的标准接口方便了工程模块化，创建了一个更好的互连环境，降低了复杂度，使程序更容易修改，产品开发的速度更快，每层利用紧邻的下层服务，更容易记住各层的功能。

在智能化环境下，需要系统具备更强的兼容性，以实现对各类资源的动态调用和管理协同。同时，兼容性也使得系统和系统之间能够通过更便捷和低廉的衔接方式实现系统边界的动态扩张。

（三）高可靠性

在信息技术领域，高可靠性指的是运行时间能够满足预计时间的一个系统或组件。可靠性可以用"100%可操作性"或者"从未失败"这两种标准来表示。在传统的信息系统中，高可靠性是通过建立备份和冗余存储方式实现的。而在智能化系统中，高可靠性所依赖的是两个关键技术环节，一是去中心化，通过去中心化摆脱对单一中心节点的依赖，提高可靠性；二是通过负载均衡、自动备份和恢复提高可靠性。

五、智能会计信息系统的可行性分析

一般地，信息系统可行性分析从经济可行性、组织可行性和技术可行性三个方面展开。下面就从经济、组织和技术三个层面对智能会计信息系统构建的可行性进行分析。

（一）经济可行性

经济可行性是从"效益成本"角度评价一个会计信息系统是否可行的最基本、最常用的方法。局限信息系统发展的因素之一就是系统实施成本居高不下。而造成成本偏高的主因在于系统可维护性和可扩展性差。智能会计信息系统采用大规模编程思想，通过提高模块复用度降低成本，同时通过合理灵活的资源配置能力迅速构建适应企业业务流程的信息系统，相对于传统的会计信息系统构建方法，智能会计信息系统在经济可行性上具有明显优势。

（二）组织可行性

组织可行性表现为两个层面：一是企业的管理架构是否适应新系统的实施；二是是否具备相应的人员适应新系统带来的知识能力、行为习惯等方面的差异。智能会计信息系统从业务流程视角构建信息系统，更符合使用人员的应用习惯和行为逻辑，较容易被接受。此外，随着业务流程管理思想日益被接受和认可，企业组织结构也逐渐向服务于客户方式靠拢，扁平化组织、矩阵式组织都给智能会计信息系统的实施带来便利，

（三）技术可行性

技术可行性可以从信息系统基础架构、建模方法、建模工具等多个角度分析。从信息系统基础架构角度分析，智能会计信息系统基于目前主流的服务体系结构软件架构，服务体系结构面向业务应用，屏蔽了底层的技术细节，有助于企业互联网技术的快速变化，融合模型驱动架构支持快速的模型构建和转换，于服务体系结构起成为智能会计信息系统的构建平台；从建模方法角度分析，智能会计模型充分融合了工作流建模和计算机建模的优点，分别承担过程建模、组织建模和信息建模的作用，具有较强的可行性；从建模工具分析，目前智能已经形成了较为完备的工具集，能较好地支持系统的开发和部署。

同时，人工智能相关技术的引入，特别是过程优化和挖掘技术的广泛使用，为构建智能化的、具有自适应和自学习能力的信息系统奠定了基础，它也成为智能会计信息系统区别于非智能会计信息系统的主要差异之一。

综上所述，智能方法向会计信息系统的引入，将从会计业务和互联网技术两个层面对其带来影响：从会计角度分析，将实现系统构建面向功能到面向流程的转变，以更好地适应企业业务流程的柔性需求，同时强化会计信息系统的控制功能和协同功能；从互联网技术角度分析，系统借助于工作流技术，融合模型驱动架构的相关方法，实

现对流程的执行、控制和优化，并可通过过程挖掘技术实现系统的自适应和自学习。

因此，在总结智能会计信息系统功能需求的基础上，可以给出智能会计信息系统的概念：是指引入智能方法构建、面向会计业务流程、具有柔性报告功能、内部会计控制功能和跨企业协同功能的，具有自主优化和学习能力的会计信息系统。

第五章　智能化会计信息系统的内容建设研究

会计信息系统经过了较长时间的发展历程，来到智能时代，会计信息系统面临着新的建设内容，会计信息系统越来越朝着智能化的方向发展。本章是对智能化会计信息系统的内容建设的研究，包括会计信息系统的发展、智能会计信息系统体系结构设计、智能财务会计共享之核算自动化设计、智能财务会计共享之智能稽核设计四部分内容。

第一节　会计信息系统的发展

会计信息系统的诞生是互联网技术和会计相互融合的产物，互联网技术对会计的影响是推动会计信息系统应用和研究的直接动力。一般认为，互联网技术对会计的影响体现在三个层面：一是技术本身的内在逻辑扩展，体现为信息技术在会计中的直接应用；二是微观会计管理活动的扩张逻辑，体现为企业管理时空范围的扩展和组织结构的影响；三是经济管理行为模式、文化思想的扩张逻辑，体现为商业模式、经济行为、资源配置、文化行为模式的改变。

会计信息系统是会计在信息技术上的映射，互联网技术对会计的影响集中表现在会计信息系统上。互联网对会计的影响直接体现在会计信息系统的演变过程中。

一、我国会计信息系统的发展历程

（一）以替代手工账为目标的会计电算化发展阶段

所谓会计电算化，是指将计算机引入到会计工作中来，利用计算机系统高速的数据处理能力，完成算账、记账和报账等任务，并对会计信息进行加工、分析、判断等。会计电算化的目标在于降低会计人员的工作强度，替代手工账，将会计人员从繁重的登账、转账、核算等工作中解放出来，提高处理速度的同时，提高了数据处理的准确性。这一概念的提出是与当时的计算机发展水平相适应的，也是从企业管理的实际需求出发的。会计电算化的出现，特别是商品化会计软件的出现，将先进的工具引入了会计工作，提高了数据处理的效率。同时，电算化软件也成为企业管理信息系统中较早成熟的信息系统，为企业管理信息化奠定了坚实的基础。

（二）以实现财务业务一体化为目标的会计工作网络化阶段

随着网络技术的出现，会计电算化的弊端也逐渐显露出来，主要表现如下：

第一，会计电算化方式下，只是对手工系统的简单模拟。会计电算化的出现并没有对会计工作流程、会计管理模式做出根本性改进，它只是实现了某个计算过程的加速。既没有发挥出计算机系统的优势，也没有改进会计信息的质量，更谈不上提高企业的管理水平。

第二，会计电算化造成了企业内部的信息"孤岛"。电算化方式下，财务数据与业务信息无法实现共享，会计软件独立于其他系统而存在，无法实现和其他信息系统的数据共享，数据交换过程仍然以手工方式进行。一方面，造成了数据在不同系统中的不一致，这种不一致包括两层含义，一是时间上的不一致，二是空间上的不一致；另一方面，也产生大量的数据冗余。为企业的决策带来不利的影响。

第三，这种方式造成了信息系统的投入和产出比例的不协调。企业为了维持会计电算化系统的运行，需要投入大量的成本，包括硬件、软件的购买，人员的培训、系统转换、系统维护，同时信息系统的使用并没有给企业的会计信息处理带来多么大的收益。

随着计算机网络化水平的提高，会计信息系统也从单机方式运行的会计电算化方式向会计网络化阶段过渡。

所谓会计网络化是指将会计工作通过计算机网络连接为一个有机的整体，实现数据在业务系统和财务系统的协同和共享，进一步提高信息处理的效率。

在这种模式下，借助于网络实现了数据在不同子系统间的网络传递。其突出特点是通过网络将会计工作的各个环节组织在一起，实现数据在不同子系统之间的网络传递。

但这一模式的缺点在于：各子系统在设计时，仅仅考虑了会计部门信息的需求，而并没有将管理重点放在业务本身，用户在使用时往往觉得无所适从，既不能很好地满足业务部门对业务处理的要求，也不能完全满足财务部门的信息需求；虽然通过网络将各个子系统的数据联系在一起，但并没有改变传统的核算流程和数据处理过程，只是将原来手工传递的数据转变为网络传递，各子系统之间较少产生数据上的关联和参照，使用户很难发现数据之间的错误；缺乏基于网络环境的管理思想的渗透，仍停留在手工处理的思路上。

（三）以实现会计信息资源整合为目标的会计信息化发展阶段

会计信息化是在网络技术日新月异和企业管理水平适应市场经济不断发展变化的

综合作用的产物，是从最初的电算化会计、会计工作网络化的基础上逐渐演变和发展的。所谓会计信息化，是指基于现代信息技术平台，融物流、资金流和信息流为一体的，高效、实时、综合反映会计信息的信息处理系统。会计信息化的核心含义在于结合现代信息技术对传统会计进行重组，并据以建立开放的会计信息系统。该系统将全面运用现代信息技术，使业务处理高度自动化，信息高度共享，能够主动和实时报告会计信息。会计信息化使企业组织内人人都可能成为信息的处理者和使用者，并通过网络系统接受企业组织外部及信息使用者的监督。

会计信息化是指在会计行业和组织或企业会计活动中普遍采用现代信息技术、有效开发和利用会计信息资源，使会计信息资源成为全社会的共享财富，以推动会计信息资源产业发展的历史过程。会计信息化具有以下基本特征：会计与信息技术融合；会计业务流程再造；会计信息资源在信息技术环境下的增值。

第二节　智能会计信息系统体系结构设计

随着会计信息系统向微观管理活动和宏观经济运行的渗透，会计信息系统需要随着企业管理需求的变化，实现从内部封闭、静态、刚性向开放、动态、柔性的转变；需要随着社会宏观经济管理的需要，实现从局部、微观向全局、宏观的转变。在这一转变过程中，如何借助于智能化技术实现会计业务流程的再造成为关键。

一、智能会计信息系统结构分析

随着企业管理环境的不断变化，企业会计管理的核心从最初的成本到其后的市场，再到目前的协同增效和价值创造，会计信息系统关注的核心问题也从数据、程序转向了过程和活动。与此相适应，智能会计信息系统在逻辑模型、运行原理与体系结构等方面均呈现出不同于非智能信息系统的特征。

（一）智能会计信息系统的逻辑结构

智能会计信息系统具备对企业内外部环境变化的感知能力，并根据感知的信息做出分析、决策和反馈。借助于技术接受模型的思路，本书对智能会计信息系统的逻辑模型设计分为以下几种：

1. 外部变量

触发会计信息系统过程执行的外部环境因素的集合。在管理信息系统中，主要来自客户、市场及企业的相关利益者。例如，客户下达的一个订单，用户提交的信息查询的申请等。

2. 感知适应性

信息系统内部的业务处理逻辑对外部变量满足程度的度量。即：信息系统内部的处理逻辑是否能够满足外部变量引致的具体过程实例的个性化需求。例如，客户提交订单后，系统自动检测是否有相应的流程可以满足订单的要求，特别是用户提交的订单具有一定特殊性时，系统中是否有相应的流程能够对客户需求做出响应。

3. 感知灵活性

信息系统内部的业务处理逻辑对外部变量满足效率的度量。即：信息系统是否可以通过灵活的流程配置来尽可能缩短流程路径，提高满足客户需求的效率。例如，客户提交订单后，信息系统对完成订单的时间做出判断，或根据用户的要求，对流程进行重新配置，以满足用户对执行效率的要求。

4. 内部变量

企业内部影响业务流程执行的因素的集合，如企业的生产能力、配送能力、资金状况等。内部变量是企业业务流程执行的约束条件，也是限制感知适应性和感知灵活性的参照规则。在智能信息系统中，它往往以规则库的形式存在，用于说明企业的流程规则和相关控制规则。如标准流程、预算、计划等。

5. 行为意向

系统根据感知适应性、感知灵活性的结果，根据内部变量的约束做出的业务流程编排和执行计划，可以简单理解为业务流程执行计划。

6. 行为偏好感知

行为偏好感知是通过对大量的业务流程执行计划的记录和挖掘发现企业管理流程上的潜在规律和偏好，其目的是对内部变量中相关规则进行优化。同时从业务流程执行计划记录中也可以挖掘出客户的潜在需求和行为偏好，从而可以为用户提供个性化的服务。

7. 过程执行

由工作流引擎驱动相关程序、资源、数据和人员，按照业务流程执行计划，执行过程模型、完成业务流程、执行任务。

8. 执行状态感知

由过程执行监控工具对过程执行的状态、进度、效率等进行实时监督，并通过过程执行通信及时修改或调整业务执行逻辑和涉及的相关资源，保证业务流程顺利执行。同时对执行异常信息的记录和挖掘也可用于对内部变量规则的优化。

9. 执行反馈

执行反馈来自两个方面，一是企业内部对过程执行的分析和评价；二是来自用户，主要是对提供产品或服务满意度的分析和评价。执行反馈注重"时间性"，必须按照规定时间反馈结果并制订分析改进计划。

10. 执行结果感知

对执行反馈信息进行记录和挖掘，以利于内部变量规则的优化。

（二）智能会计信息系统的运行原理

1. 智能会计信息系统的运行原理描述

智能会计信息系统的运行原理具体分为以下几点：

（1）外部变量感知

在接受用户输入或通过相关软件探测到外部变量发生变化时，系统首先对来自用户或外部环境提供的外部变量进行捕获，参照感知规则库（存放内部变量规则）内置规则，借助感知推理机，对外部变量进行适应性和灵活性感知。即：判断企业内部的流程是否能够满足用户需求，是否能够通过柔性化的流程配置提高对外提供产品的效率。

（2）生成行为意向

若存在满足适应性和灵活性的过程模型则直接选用，若不满足则对过程模型进行动态修改，重新编排各项活动的执行逻辑和时间顺序，确定过程执行的路径，并加以记录。若经修改后仍无法满足用户需求则向用户反馈退回信息。

（3）过程实例执行

由工作流引擎将过程执行实例提交给上一步骤中生成的过程模型，并在模型执行引擎驱动下，依次执行各项活动，调用相关资源完成过程执行，并对过程执行情况进行监控和分析。

（4）过程执行反馈

将过程执行结果（产品或服务）提交给用户，并感知用户对执行结果的满意度，同时对过程执行情况进行分析和评价。

（5）内部变量规则优化

根据在各阶段采集到的记录（行为偏好、执行状态、执行结果）等进行分析和挖掘，并自动对内部变量规则进行修正和优化，实现系统的自适应和自学习。

2. 智能会计信息系统的运行场景示例

为进一步说明智能会计信息系统的工作原理，可设定如下场景，并比较智能信息系统与非智能信息系统在业务执行过程中的差异。

场景设定：客户需要通过网络向某连锁快餐机构订餐，并要求送餐上门，客户以信用卡方式支付餐费。基于智能信息系统的运行过程具体分为以下几点：

（1）客户下达订单

客户登录连锁快餐的订餐网站，在智能化的信息系统中，该网站自动调用相应的GPS定位软件，确定该客户是否在送餐范围内，并将结果反馈给客户。在非智能的信息系统中，则必须在客户提交订单并说明订餐地址后，系统根据客户提交的信息确定是否配送，客户在填写了大量信息后被告知无法送餐将会降低客户满意度。

（2）订单确认

在智能信息系统中，系统根据客户的历史订餐记录挖掘客户饮食偏好和可接受的送餐时间，自动向客户推送相关产品信息和优惠活动，并自动提示送餐时间，请客户确认。同时系统选择最佳的配送餐厅。例如，某餐厅虽然地理位置较近，但由于订单量大，需要客户等待，系统可自动将该订单分配至地理位置可能稍远，但不需等待的餐厅。在非智能的信息系统中，则系统接受订单并对订单进行确认后提交给固定的餐厅，而不考虑客户的其他需求。

（3）订单支付

在智能信息系统中，系统确认客户通过信用卡支付餐费，并自动触发相应的记账软件完成账簿登记。在非智能的信息系统，管理者只能在确认客户支付后，手工启动财务软件，通过数据交换方式从订单管理系统中获取数据并自动生成相关凭证。

（4）订单执行

在智能信息系统中，餐厅接受订单后，下达加工任务，并指定送餐员送餐，同时记录送餐出发时间和到达时间，并根据客户反馈修正客户订餐记录。

（5）会计处理

在智能信息系统中，自动根据客户交易情况，生成对应的会计凭证，并自动进行凭证的生成、审验和记账，根据交易的汇总数据，修改相应的销售报表等。同时对客户信用、消费偏好等信息进行维护，以便于客户挖掘和提供更好的服务。

由上可知，智能信息系统与非智能信息系统在流程上的差别主要体现在如下几点。

（1）决策前置

通过感知适应性和感知灵活性对用户需求和企业业务流程的差异度进行分析和比较，从而确定是否能向客户提供符合需求的产品或服务。并根据用户需求确定采用的业务执行逻辑，实现了决策过程的前置。

（2）风险识别

对感知适应性和感知灵活性的判断实际上构成了对业务流程风险的识别和度量机制，并相应地采取控制策略以控制风险。因此，智能信息系统能够有效支持风险导向内部控制制度的建立和实施。

（3）柔性响应

能够根据用户提出的需求，灵活安排敏捷高效的流程进行响应，合理配置相关的各类资源，如生产能力、配送能力等。

（4）实时控制

通过行为意向记录、执行状态监控和执行结果评价实现对业务流程的全程实时监控，并可根据监控结果灵活调整业务执行逻辑。

（5）自主学习

通过对大量行为意向信息、过程执行状态和过程执行结果评价信息的挖掘，可以实现对感知规则和过程模型的动态修正，从而实现系统的自主优化和自主学习。

（三）智能会计信息系统的体系结构设计

与目前主流的信息系统相一致，智能会计信息系统采用了层次化的体系架构。层次化架构的优势在于将不同的功能需求分解在不同的层次内，各层次之间采用松耦合方式连接，既实现了功能在层次内的屏蔽，又便于层次间的组合和协同，实现系统的快速配置和灵活变化。

1. 智能会计信息系统的层次结构

传统的分布式三层架构的应用软件虽然在软件功能组件化方面取得了长足的进步，消除了软件系统对硬件平台和数据库管理平台的依赖，但从企业管理角度而言，为满足个性化的业务需求，实现管理信息系统的敏捷反应和灵活配置，还需引入业务基础软件平台，通过对业务模型的抽象和封装，满足特定专业领域业务处理的需求，有效屏蔽业务需求和业务过程的复杂性。计世咨讯对业务基础软件平台的定义是以业务为导向和驱动的、可快速构建应用软件平台。业务基础软件平台服务于特定的知识领域，通过对该领域内业务流程和专业知识的抽象，形成支持领域应用的可复用模型，并通过模型的配置和调用实现特定信息系统的快速配置。

会计业务基础软件平台的构建是为了对会计专业领域内的专业知识进行抽象，形成支持会计领域应用的可复用模型。各类会计元数据、元流程的定义成为构建会计业务基础软件平台的关键。

2. 智能会计信息系统的总体架构

对于智能会计信息系统的构建研究主要集中在软件基础架构平台、会计业务基础软件平台和个性化信息系统平台三个层次上。

在软件基础架构平台采用工作流技术构建核心引擎，实现对用户、业务终端、应用程序等相关资源的管理和整合，并通过过程模型的构建描述会计业务流程。

在会计业务基础软件平台则借助于智能会计模型，借助于部门机构相结合的方法实现会计业务模型的快速构建和配置，通过业务模型抽象专业领域知识和流程模型，实现系统的敏捷配置和部署，提高模块复用程度，降低系统实施成本。

在个性化信息系统平台则提供了个性化用户界面以及相关的定义和发布工具，允许用户快速配置系统，满足个性化需求。

对总体架构中各层次的构成及主要功能描述如下：

（1）应用表示层

其提供了用户和系统交互的接口和界面，主要包括用户界面和过程执行监控工具。用户界面提供用户和系统交互的集成化运行环境，用户通过其完成各项指令和任务的发布，并通过监控工具及时了解业务流程执行状态。

（2）会计业务基础软件层

其是构成智能会计信息系统的核心部分。元数据是指关于数据的数据，它用来描述数据的特征和属性，提供某种资源的有关信息的结构数据，是对数据的抽象描述。会计元数据是对会计数据的抽象。流程元模型包括会计报告元模型、会计控制元模型、会计协同元模型。其是对报告流程、控制流程、协同流程的抽象描述和表达，是构建业务流程模型的重要元素，也是过程模型构建的核心。标准业务流程和标准业务组件是系统提供的可供参考的标准业务模型和组件，用户可以以它为基础定制个性化的业务流程模型，标准业务流程和标准业务组件往往根据业内先验模型或公认准则定义。流程定义工具提供了面向用户的可视化辅助工具，帮助用户参照标准业务流程完成定义，并予以发布，转换为可执行的流程。流程优化工具则提供了帮助用户实现流程改进和挖掘的工具，以支持业务流程管理的持续化改进，支持智能会计信息系统的智能化应用。

（3）业务执行层

其是指实际执行业务过程的核心引擎，包括工作流核心引擎和过程模型执行核心引擎，其负责创建、管理和执行过程实例，是通用的支持平台。

（4）应用软件层

其是指供智能会计信息系统业务执行层调用的相关应用程序资源和标准中间件和公用组件。智能会计信息系统的主要功能之一就是对涉及过程执行的各项资源进行管理和调用，应用程序是构成过程执行的重要资源之一。例如，系统可以调用电子邮件系统发送邮件。

（5）基础设施层

其是指支持系统运行的硬件和软件平台，主要包括操作系统、数据库服务器和应用服务器等。

3. 智能会计信息系统的工作流管理

智能的会计信息系统遵循了工作流管理系统的运行方式，因此可以通过对工作流系统的描述进一步了解智能会计信息系统的工作流管理方式。

（1）工作流参考模型

工作流管理联盟定义的工作流参考模型描述了该模型的基本部件和基本接口。

该模型中包含了如下五个基本的部件。

①工作流定义工具：提供过程描述的软件，利用该软件可以将实际的过程步骤采用可视化的方法加以描述，并转化成规范的工作流定义语言格式。

②工作流引擎：在一个系统中可以有一个或多个工作流引擎，它们是构成工作流管理的核心组件。负责创建、管理和执行过程实例。各种工作流应用通过工作流应用程序接口访问工作流引擎，工作流引擎负责提供过程实例运行的可执行环境，解释过

程定义、控制过程执行，分配各种角色和资源，维护过程中产生的各项数据，调用各种应用等。

③应用程序：应用程序是一些功能应用的集合，每一个应用可能负责完成工作流的某一个子过程的调用的执行。应用程序由工作流引擎负责调用。典型的应用如在客户关系管理系统中嵌入电子邮件系统，在会计信息系统中嵌入自动开票系统等。

④客户应用：在需要人参与的非完全自动化的过程执行中，工作流引擎可以将任务按照工作列表提供的工作列表信息分配给制定角色的人员来参与完成。

⑤过程管理和监控：负责整个过程的监控和管理，包括用户管理、角色管理、资源管理、运行记录、错误恢复、中止或删除工作流等。

同时模型中定义了如下 5 个接口。

接口 1：工作流运行服务与工作流建模工具间接口，包括工作流模型的解释和读写访问。

接口 2：工作流运行服务与客户之间的接口，约定了客户应用和工作流运行服务之间的功能访问方式。

接口 3：工作流引擎和可调用应用间的直接接口。

接口 4：工作流管理系统之间的互操作接口，用于不同工作流管理系统之间的协同。

接口 5：工作流运行服务与工作流管理监控工具之间的接口。

（2）工作流产品的一般结构

近年来，工作流技术发展最为迅速的领域之一就是企业应用系统，一些著名的管理软件厂商均推出了相应的工作流软件产品，它们都遵循了工作管理系统定义的工作流产品结构。

该结构中有如下三类部件。

①工作管理系统内部提供的用于实现各种功能的软件组元：包括工作流引擎、过程定义工具、工作列表处理程序以及用户界面。该部件由 WfMC 提供，并负责维护，是智能信息系统的核心部件。

②被一个或多个软件组元调用的各种系统定义和控制数据：该部件交由用户定义或根据过程定义自动生成，同时也是通用工作流系统转化为企业应用系统的关键，利用相关的定义和控制，实现了企业业务流程在工作流管理系统上的映射。

③应用程序及数据库：该类部件由第三方提供，一般为可集成的、标准化应用程序或数据库管理系统。

4. 智能会计信息系统的建模策略

智能会计信息系统采用模型驱动架构方式实现业务模型的构建和转换。模型驱动架构是对象管理组织继统一建模语言之后推出的一种新的软件方法学，同时将最新的信息技术应用整合在一起，包括基于组建的开发、中间件、多层系统、企业应用集成以及契约式设计等。

模型构建的过程可以划分为两个阶段，首先根据管理领域相关问题抽象得到企业管理业务的模型，即企业建模。该阶段一般从企业管理软件的各个要素如组织、信息、功能、流程和服务出发，构建企业业务模型；其次，根据业务模型按照相关的策略和转换规则，实现业务模型向设计模型和软件模型的转换，该转换过程借助于相关的平台实现，而不需要大量的编程实现。模型驱动架构提供将业务模型转化为软件实现的标准和方法。

采用该方法可以有效地提高软件开发效率、增强软件的可移植性、协同工作能力和可维护性，从而为快速构建企业应用流程提供便利。

在会计信息系统中引入模型驱动架构思想的核心在于将会计领域专业问题抽象出业务模型，并通过模型的封装提高模型的复用程度，合理划分模型粒度，尽可能以粗粒度方式提供业务流程元模型，以方便系统的快速组装。

综上所述，可以对智能会计信息系统的构建原理描述如下：智能会计信息系统采用目前主流的多层架构体系，采用模型转换的方法抽象和映射会计领域的专业知识，形成支持企业会计业务流程的业务元模型，采用工作流方法构建面向企业应用的过程模型，借助于工作流管理系统实现对各类资源包括人、应用程序和信息的配置和组合，并通过持续的过程优化措施实现流程管理的柔性化和智能化。

二、智能会计信息系统的应用模式

（一）智能会计信息系统的应用优势

与非智能信息系统的比较，智能会计信息系统在应用方面的优势主要体现在四个方面。

1. 支持业务过程的柔性化

柔性是指系统所具有的处理变化环境或处理由环境引起的不稳定性的能力。过程柔性则可描述为企业流程所具备的处理环境变化或处理由环境变化引起的不稳定性的能力，也就是流程具备对外界环境的感知能力、分析能力和反应能力。业务过程的柔性表现在两个方面，即主动柔性和被动柔性。主动柔性是指过程对企业内外部环境变化所具有的控制力和影响力；被动柔性是指过程对企业内外部环境变化所具有的适应能力。在早期的工作流管理系统中，过程柔性主要体现在连接、路由上，而活动、参与者、角色、数据源一般情况下不具有柔性，即业务过程在执行时只能通过不同路径的选择来适应内外部变化，而在智能的信息系统中，过程的柔性可以表现在各个要素上，既可以通过不同的路径选择完成任务，也可以通过合理的其他要素的重新配置和组合完成任务。

2. 支持业务过程的智能控制

控制论研究各种系统共同存在的调节与控制规律，其创始人是诺伯特·维纳。按照控制论的观点，控制"本意是掌控"，是指为了改善系统的性能或达到某个特定的目的，通过对系统输出信号的采集和加工而产生控制信号施加到系统的过程。控制的基础是信息，一切信息传递都是为了控制，任何控制又都有赖于信息反馈来实现。一般通过反馈控制的方式对过程施加影响。传统的信息系统往往通过结果的绩效评价对执行过程进行评价并予以调整，从时间上看，有一定的滞后性；而智能信息系统可以通过过程监控工具监控执行过程，并用于过程控制的改进。在智能信息系统中，控制过程体现在两个层面，一是对过程涉及资源（人员、信息、应用程序等）的控制；二是对过程中任务执行路由的控制。同时，控制逻辑从应用程序中抽取出来，由用户加以定义，实现了控制逻辑的"显式"表达，可以帮助管理者了解信息系统控制的方式，有利于控制过程的实现。

在智能信息系统中，智能控制表现在对控制规则和控制方法的自适应和自学习方面。自适应控制可以看作是一个能根据环境变化智能调节自身特性的反馈控制系统，以保证系统工作在最优状态，在处理和分析过程中，根据过程特征自动调整处理方法、处理顺序、处理参数、边界条件或约束条件，使其取得最佳的处理效果；自学习是指可以通过对大量过程执行情况的记录和分析，由系统根据统计分析的结果自主修改控制规则，从而达到过程执行最优的效果。例如，系统可以根据用户的还款记录自动调整授予客户的信用额度和信用等级，或根据客户还款的习惯进行分析和推理，修改还款时间的限制等。

3. 支持业务过程的协同

协同是指协调两个或者两个以上的不同资源或者个体，一致完成某一目标的过程或能力。智能信息系统的突出特点之一就是根据业务流程目标，通过应用程序和模块间的组合和协同，高效快速地完成任务。任务执行中涉及的各类资源在过程模型的支持下，迅速组合又迅速释放，在此期间，协同成为连接各项资源、任务的关键技术。从协同内容层面看，智能的信息系统可以支持企业内部或企业间业务、流程、服务和数据四个层面的协同。

4. 支持信息系统的按需配置

云计算方式下，企业信息系统的配置具有更强的灵活性。而基于云原生的信息系统应该具备灵活配置、按需定制、开放动态的特征。系统更多的是通过多个微服务方式连接成企业所需的应用整体。同时，在现代企业信息化建设过程中，较为突出的问题是对遗留系统的集成。遗留系统往往是异构、自治和分布式系统，简称 HAD 系统。所谓企业应用集成，是指将基于不同平台、不同方案建立起来的异构系统进行集成的方法和技术。其主要解决的就是异构、自治和分布式应用问题。早期的信息系统主要专注于 HDA 系统之间的数据集成，而智能系统则更多的关注与企业行为之间的集成，即通过过程建模，在异构系统业务处理流程间建立联系，从而实现系统与系统之间的过程集成。

（二）智能会计信息系统的应用特征

由于智能会计信息系统在构建方式的差别，也确定了智能会计信息系统在应用方面呈现出不同于传统信息系统的特征，主要表现在三个方面。

1. 智能会计信息系统是一个人机融合系统

按照在信息系统中业务活动的参与者（或资源）的属性分类，可将他们的连接关系分为三类：人员与人员、人员与程序和应用程序与应用程序。人员与人员是指在过程执行中，参与者以人员为主进行的过程，也就是说过程涉及的大多数任务需要人员的参与。典型的应用系统包括作业跟踪系统、项目管理工具、群件系统、视频会议工具等，通常人员与人员过程所涉及的应用程序主要用于由计算机支持的交互行为。应用程序与应用程序是指在过程执行中，参与者以应用程序为主进行的过程，该过程中只有软件系统执行的任务。常见的该类过程主要在分布式计算以及分布式应用集成中。如事务处理系统、互联网技术平台及基于网络的集成服务器等。人员与程序是指在过程执行中，参与者即包括人员参与的任务和交互，也包括不需要人员干预执行的任务和交互。典型的应用系统如工作流系统。工作流系统即可提供对人员和应用程序两个方面的支持，又可用于人与人之间的交互，因此，以工作流方式构建的管理信息系统大多属于人员与程序过程。

传统的信息系统大多属于人员与程序系统，而在智能化环境下，人员、程序之间出现融合趋势。人、程序以及涉及的各类资源通过信息系统整合为一个整体，难以清晰地划分人、机界面。人可以成为指令的发出者，也同时可以是接受程序指令的执行者，程序和程序之间的联系也更多地通过自动化、智能化的方式实现。

2. 智能会计信息系统是一个松耦合系统

按照定义的业务模型与实际的业务执行实例是否符合分类，可以将信息系统分为无架构、网络连接模式架构、松架构和紧架构。无架构是指在过程执行中没有与过程对应的显式过程模型，也不可能定义出所谓的过程模型，例如，群件系统所支持的协同过程，比较常见的是文档协同编辑器以及桌面电视会议系统等。网络连接模式架构是指过程模型是预先定义的，但在被废弃或变更前只被执行一次或很少的几次，例如，项目管理中的项目图，该模型只被执行一次。再如，科学计算中与计算对应的过程模型，该模型涉及了诸多的数据集和计算资源，但在同一个项目内只被执行一次。松架构是指过程有预先定义好的过程模型和一系列约束条件，预定义的过程模型描述了过程执行的一般方式或最佳方式，但在执行具体的过程实例时可以根据约束条件进行重新选择和配置。换言之，过程实例的执行轨迹是由其应用的上下文确定的，并可自动化的执行。大多数管理信息系统都属于该类型。紧架构是指预先定义的过程与过程实例完全一致，也就是说预定义的过程模型具有刚性，过程实例必须按照模型执行。紧架构在自动控制领域使用较多。

在智能会计信息系统中，由于实际业务模式的不确定性、模糊性，信息系统很难再采用紧架构方式，因此松耦合方式成为系统应用的主要特征。松耦合意味着信息系统的形态会发生明显变化。一是系统不再是大一统的集成模式，而是转变成若干个小微模块组合而成的应用程序集合，各微模块通过数据总线或交互方式实现连接，共同支持业务执行；二是业务执行过程不确定，系统参与者可以在系统的组织下，自主发起和执行业务流程，自主选择业务执行路径，以适应多变的外部环境变化；三是每一个小微模块将通过"容器"各自封装，以保证模块运行逻辑的合理性，并通过容器技术增强模块应用的标准化程度，提高对环境的适应性。

3. 智能会计信息系统支持跨组织应用

按照信息系统的边界是组织内还是跨组织可以将信息系统分为组织内的信息系统和组织间的信息系统两类。组织内的信息系统主要针对组织内的应用程序，关注的是如何运用过程支持技术使得涉及组织内或部门内的人员和应用程序的业务过程可以自动化的执行。组织间的信息系统是指人员和应用程序的业务过程跨越了组织边界。近年来，过程跨越组织边界成为最新的发展趋势，同时，组织和组织间的过程可能是一对一关系、一对多关系或多对多关系。

实际上，在现有的信息系统中，已经实现了跨组织应用。例如，供应链管理系统、客户关系管理系统等，但跨组织的应用仍然需要核心企业或核心节点的支持，系统仍然是围绕中心点进行运行和管理。而智能会计信息系统的跨组织应用是一种去中心点的应用。

由此可见，智能方法已逐渐扩展到信息系统应用的各个领域，并出现了大量的智能的信息系统。智能方法的发展趋势将更多地体现在专业领域知识的结合，并以此为基础构建面向专业应用领域的智能信息系统。

三、智能会计信息系统的开发模式

智能化带给信息系统的变化也影响着信息系统的开发模式、方法和技术。软件开发从过去的面向数据、面向对象以及面向组件等技术型抽象方法向业务流程动态建模以及业务模型驱动的业务抽象方向转变，目标是改变现有软件的可应用性，提高软件适应业务变化的能力。在程序或组件调用与共享的机制方面，可重用的粒度越来越大，且随着网络与分布式计算技术的发展，程序调用的方式也经历了从进程内、进程之间、主机之间向互联网中异构平台与环境下的服务器之间的调用与程序资源的共享，实现了紧耦合向松耦合的过渡，增强了应用程序的动态性与可扩展性。软件的开发过程将逐渐转变为基于业务过程管理进行的企业业务流程建模，并通过业务模型驱动的方式来加速软件的开发过程。

（一）智能信息系统的开发模式

一般而言，根据智能信息系统的开发模式可以分为开发专用过程支持系统和配置通用过程支持系统两种模式。

1. 开发专用过程支持系统

开发专用过程支持系统是指在明确系统目标的前提下，从草图开始构建专用的过程支持系统。该专用过程支持系统可以是一个软件库向应用程序添加智能特性，也可以作为一个过程执行平台为过程的设计、测试、部署、监控提供服务。这种定制方式能够较好地满足组织目标的实现和特定需求，但前期过高的开发成本和后期较差的可扩展性使该开发模式逐渐被用户抛弃。

2. 配置通用过程支持系统

通用的过程支持系统并不是智能信息系统的使用者开发的，而是借助于标准化的通用过程支持系统配置符合本组织目标的智能信息系统。该模式能够迅速地响应企业管理需求的变革，对过程的调整只需要通过对定义的调整即可完成而不用重新编码；同时采用通用的工作流管理系统可以大幅降低前期的开发成本，系统可靠性高、稳定性强，可扩展能力强。因此，该模式成为目前智能信息系统构造的主流模式。

（二）智能会计信息系统的生命周期

智能会计信息系统的生命周期可以划分为四个阶段：业务过程建模、过程实施（配置）、过程执行和过程诊断，各阶段相互衔接，通过迭代开发方式建立系统，且该系统始终不断改进并能根据企业流程进行调整。具体分为以下几点。

1. 过程设计

在过程设计阶段，根据企业管理需求，对原有流程进行优化和设计，并通过服务视图、流程视图、功能视图、信息视图、组织视图等多个维度抽象企业业务过程的特征，借助于模型驱动架构的方法和技术，形成过程模型。常用的建模方法有企业动态建模、集成信息系统体系结构等。

2. 过程实施（配置）

在过程实施（配置）阶段，过程模型被进一步优化为由软件系统所支持的可操作过程。通常是通过对工作流管理系统、跟踪系统、案例处理系统或企业集成化平台的通用构架进行配置来实现的。同时过程实施阶段包含系统测试及部署。

3. 过程执行

在过程执行阶段，即可通过已配置的系统执行业务过程记录过程执行情况，检验业务执行过程的合法性。

4. 过程诊断

在过程诊断阶段，对已执行过程进行分析，使用过程挖掘等技术发现存在的问题并寻找可改进之处，并将结果反馈到过程模型上，触发对模型的修正和改进。

由此可以看出，智能会计信息系统采用了类似于原型法的开发方法，通过各阶段的迭代过程不断完善和修正系统，与原有信息系统不同的是，智能信息系统始终处在一个动态完善的循环中，以随时响应企业管理流程的持续变化。

（三）智能会计信息系统的建模工具

1. 智能会计信息系统的建模工具集

在系统开发的不同阶段，智能信息系统使用了不同的开发技术和工具。在过程设计阶段，以业务流程管理和模型驱动架构为方法学基础，使用业务过程建模工具完成过程建模；在过程实施阶段，主要使用工作流管理系统完成过程的定义和实现；在过程执行和过程诊断阶段，主要使用项目管理工具完成过程执行，利用过程挖掘技术完成过程的优化。

第三节 智能财务会计共享之核算自动化设计

核算自动化设计，是基于业务视角的智能会计的具体方案设计，也是智能财务会计共享建设过程中基于业务视角的核心设计内容。

一、核算自动化设计的目标

会计核算贯穿于经济活动的整个过程，是会计最基本和最重要的职能，又叫反映职能。记账是指对特定主体的经济活动采用一定的记账方法，在账簿中进行登记，以反映在账面上；算账是指在日常记账的基础上，对特定主体一定时期内的收入、费用、利润和某一特定日期的资产、负债、所有者权益进行计算，以算出该时期的经营成果和该日期的财务状况；报账就是在算账的基础上，将特定会计主体的财务状况、经营成果和现金流量情况，以会计报表的形式向有关各方报告。

核算自动化设计的实质目标是提高核算过程的合规性和效率性，以及核算结果的准确性。核算自动化设计的形式目标是标准化、自动化和智能化。其中，标准化是指统一会计科目、核算规则、稽核规则、表单附件、处理流程和信息系统等；自动化是指智能会计平台根据记账规则自动生成记账凭证（含凭证要素、辅助核算和核算附件），根据稽核规则自动完成智能稽核（含单据稽核、业务稽核和记账凭证稽核）；智能化是指在会计核算过程中，采用以人工智能为代表的"大智移云物区"等新技术，如图像识别、语音识别、电子签名等。

在实现核算标准化、自动化和智能化的过程中，也应实现核算的电子化、数字化和共享化。其中，电子化是指在业务系统中将纸质原始凭证扫描成影像文件，对于原

（三）记账凭证模板

记账凭证是财会部门根据原始凭证填制，记载经济业务简要内容，确定会计分录，作为记账依据的会计凭证。记账凭证必须具备以下基本内容：记账凭证的名称及填制单位名称；填制记账凭证的日期；记账凭证的编号；经济业务事项的内容摘要；经济业务事项所涉及的会计科目及其记账方向；经济业务事项的金额；记账标记；所附原始凭证张数；会计主管、记账、审核、出纳和制单等有关人员的签章。

核算自动化要实现的核心内容之一是，通过为标准业务事项设置记账凭证模板，由系统自动生成记账凭证的所有内容，且无需人工进行任何干预。记账凭证模板设计的核心内容包括经济业务事项所涉及的会计科目及其记账方向，以及相应辅助核算。

（四）核算附件

核算附件是指记账凭证生成时的必要附件，也称原始凭证。为实现会计核算的标准化和数字化，需按如下规则对核算附件进行统一梳理和规范。

若是企业从外部接收或内部生成的纸质文件，如纸质验收报告，则通过影像管理平台，以扫描生成的影像文件进行线上传递、存储和展示，线下进行纸质文件传递；对于能够识别的影像文件，如纸质增值税专用发票，则同时识别为结构化数据进行传递、存储和展示。

若是企业从外部接收的电子文件，如增值税电子普通发票，则通过关联邮箱，直接以原始电子文件传递、存储和展示；关联邮箱实现之前，可通过人工手动上传原始电子文件。

若是企业内部生成的电子附件，如收购费用明细表，则由业务系统向智能财务共享平台推送结构化数据，智能财务共享平台根据核算附件模板，生成可携带文件格式文档进行传递、存储和展示。

（五）稽核规则

稽核是指为确保核算的真实性、合法合规性和合理性，对核算附件进行的审核工作。稽核工作包括属地初核、属地复核和中心（智能财务中心）抽核。稽核规则是指稽核过程中依据的法则，包括稽核内容和稽核要点。一般而言，稽核内容即核算附件中的内容，及其与记账凭证内容之间的匹配性；稽核要点包括核算附件的完整性、真实性、合法合规性和逻辑合理性。

四、核算自动化的设计思路

即以标准业务事项为中心，通过厘清标准业务事项和业务流程、标准表单、核算附件、记账凭证模板和稽核规则之间的关系，实现核算的标准化、自动化和智能化。

（一）业务流程与标准业务事项

理论上，业务流程与标准业务事项之间应为一对一的关系，但在实务工作中，考虑成本效益原则，业务流程图的业务颗粒度通常大于标准业务事项的业务颗粒度，即一个业务流程可覆盖多个标准业务事项。为此，业务流程与标准业务事项之间是一对多关系。例如，对于收购费用报销业务而言，一个收购费用报销流程对应多个标准业务事项，其中，涉及运输费的标准业务事项有报销聚约式收购运费等。

收购费用报销在智能财务共享模式下的流程为：业务经办人通过报账管理系统填制报销单后经智能稽核、属地人工稽核以及审批流程审批后自动生成记账凭证，记账凭证经智能稽核和人工抽核后月末自动完成结转。待采购管理系统、电子合同系统、数据中心建设完成之后，将采用数据交换的方式，自动生成报销单及相应核算附件。

（二）标准业务事项与标准表单

理论上，一个标准业务事项应该对应一个标准表单，但在实务工作中，出于成本效益原则和简便易用原则，可采取合并精简的方式，在一个标准表单中提供多个标准业务事项的选择，即一个标准表单承载多个标准业务事项。为此，标准业务事项与标准表单之间是多对一的关系。

（三）标准业务事项与核算附件

实务工作中，标准业务事项的真实性，通常需要多个不同来源的原始凭证（即核算附件）相互佐证。为此，标准业务事项与核算附件之间是一对多的关系。

（四）标准业务事项与记账凭证模板

理论上，标准业务事项与记账凭证模板之间是一对一的关系，但在实务工作中，记账凭证辅助核算代表的核算颗粒度大于标准业务事项的业务颗粒度。因此，多个业务事项可共用一个记账凭证模板，即标准业务事项与记账凭证模板之间是多对一的关系。

（五）标准业务事项与稽核规则

实务工作中，标准业务事项的真实性，通常需要多个不同来源的原始凭证（即核算附件）相互佐证。为此，在财务稽核过程中，需要确认原始凭证整体的齐备性（即完整性），需要确认每一个原始凭证本身的真实性与合规性，也需要确认原始凭证之间逻辑的合理性以及内容的吻合性，还需要确认原始凭证与记账凭证之间的一致性。因此，对一个标准业务事项的稽核，势必需要借助多条稽核规则。为此，标准业务事项与稽核规则之间是一对多的关系。

第四节 智能财务会计共享之智能稽核设计

智能稽核设计，是基于业务视角的智能会计具体方案设计，也是智能财务会计共享建设过程中基于业务视角的核心设计内容。核算自动化的高效实现，很大程度上依赖于智能稽核的设计与实现。本节着重探讨核算自动化实现过程中的智能稽核问题，涵盖智能稽核的界定与分类、智能稽核的总体思路、智能稽核的具体设计（包括智能稽核规则库的建设、三类自动稽核的系统实现、三级人工稽核的职责分工和整个稽核过程的双向跟踪），以及智能稽核的实现基础（包括稽核功能的定制化开发、稽核规则的标准化设定、业财数据的数字化对接和文本文件的数字化转换），以期为企业构建同台共库、人机协作的智能稽核提供有益参考。

一、智能稽核的界定与分类

稽核，又称会计稽核，是财务部门为确保会计核算的真实性、合法合规性和合理性，对原始凭证（核算附件）和记账凭证进行的审核和自查工作，包括财务审核和财务稽核。通过核算过程中进行的财务审核可确保会计核算过程和结果的质量，通过核算结束后的财务稽核可提高会计核算结果的质量。智能财务会计共享中的会计稽核工作由系统与人工协作完成，是人机协作稽核，简称为"智能稽核"。智能稽核包括系统执行的自动稽核和人工执行的手动稽核，分别简称为"自动稽核"和"人工稽核"。智能稽核通过智能财务会计共享平台中的智能稽核工作台实现。智能财务会计共享平台是统一规划建设的智能财务会计共享平台，通过与业务运营管理平台的集成共享，实现业务驱动财务和管理规范业务，实现会计核算、资金结算、税务会计、财务会计报告以及电子会计档案管理等工作的标准化、自动化和智能化，实现智能财务相关信息系统的协同共享和财务会计工作运营管理的上下联动。

二、智能稽核的总体思路

智能财务会计共享中的智能稽核，采用人机协作稽核的方式，包括三类自动稽核（票据自动稽核、业务自动稽核、凭证自动稽核）和三级人工稽核（属地人工初核、属地人工复核、中心人工抽核）。

自动稽核体现为在智能财务会计共享平台核算自动化流程中嵌入系统自动稽核功能，对经济业务事项及会计核算结果进行前置化、智能化和自动化校验，对相关人员进行信用计分和绩效计分，同时发挥稽核工作的核算职能及运营管理职能。

人工稽核体现为会计人员对经济业务事项及会计核算结果进行的人工辅助稽核工作，包括检验或关注自动稽核的执行结果，监管重大经济业务事项，对相关人员进行信用评价或监督管理，同时发挥稽核工作的核算职能、业务管理职能及运营管理职能。

稽核过程追踪体现为系统对整个稽核过程的记录，后续人工稽核环节对前承稽核环节稽核结果的追溯、参照和评价，前承人工稽核环节对后续稽核环节稽核结果的查询和反馈，以及从不同维度开展的稽核结果查询统计。

三、智能稽核的具体设计

（一）稽核规则设计

稽核规则设计时，需要统计考量稽核规则的设计标准、稽核规则的统一分类、属地复核比例的设定和中心抽核规则的确定等内容。

1. 稽核规则设计标准

智能财务中心核算质控组按照国家及行业会计核算及财务管理相关法律法规、方针政策、制度办法的规定和要求，制定全省统一的标准稽核规则，包括稽核规则分类、稽核规则编码、稽核规则名称、稽核内容、稽核方式（系统/人工）、控制属性（刚性/柔性）、稽核时点、稽核结果提示以及是否反馈业务人员等，形成智能财务稽核规则库。

2. 稽核规则统一分类

（1）按规则适用场景分类

按规则适用场景，稽核规则分为通用稽核规则、业务稽核规则和凭证稽核规则三类，分别适用于多类业务的稽核、特定业务的稽核和记账凭证的稽核。

通用稽核规则，包括票据类稽核规则、合同类稽核规则、预算类稽核规则、附件类稽核规则以及资金类稽核规则等。通用稽核规则具备统一编码及归类逻辑，各类业务稽核可通过统编码调用通用稽核规则。

业务稽核规则，包括对经营业务、投入补贴业务、基础设施补贴业务、物资业务、采购项目业务、费用报销业务、薪资支付业务、资金结算业务、税务核算业务、资产核算业务、往来业务以及收入成本业务等的稽核规则。各类业务稽核规则着重实现数量关系校验、金额关系校验、控制标准校验、时间逻辑校验和业务实质校验等。

凭证稽核规则，包括对记账凭证要素（包括记账凭证摘要、会计科目、借贷方向、金额、辅助核算项目、审核签字以及附件张数等）的稽核和对记账凭证附件的稽核，着重实现会计凭证准确性校验、及时性校验、完整性校验和合规性校验。

（2）按规则执行强度分类

按规则执行强度，稽核规则分为刚性规则和柔性规则。其中，刚性规则是校验通过才能执行后续步骤的规则，可由系统自动执行或人工手动执行；柔性规则是无论校验是否通过都可执行后续步骤的规则，可由系统自动执行，其校验结果可为后续人工稽核提供参考，为核算质量监控提供素材，为优化校验规则提供依据。

（3）按规则执行主体分类

按规则执行主体，稽核规则分为系统自动执行的稽核规则和人工手动执行的稽核规则。其中，系统自动执行的稽核规则是指将稽核规则提前内置在智能财务会计共享平台的智能稽核功能中，当业务发生时，根据业务场景不同自动触发执行的通用稽核规则、业务稽核规则和凭证稽核规则；人工手动执行的稽核规则是指由三级稽核人员在执行属地人工初核、属地人工复核和中心人工抽核时，根据业务场景不同手动执行的通用稽核规则、业务稽核规则和凭证稽核规则。

3. 属地复核比例设定

在智能稽核工作台中，属地复核可根据各单位核算内容及管理要求选择不同的复核比例，各单位属地复核岗自行维护复核比例：对于核算自动化程度较高的业务，由各直属单位复核岗对相应会计凭证进行批量复核；对于相对固定且不涉及资金支付的薪酬福利计提、资产折旧摊销计提和税费计提等会计凭证可批量复核；对于需重点关注的业务接待费、会议费、培训费、涉外费、福利费和对外捐赠等会计凭证应逐张复核；对于资金量较大的工程投资项目、基础设施建设项目、科技项目以及业务量较大的产前投入补贴等会计凭证可按比例重点复核。

4. 中心抽核规则确定

智能财务中心核算质控组研究确定各类业务抽核规则，包括抽核方式、抽核维度、抽核比例、抽核时点以及抽核完成时限等。核算质控组在智能财务会计共享平台中的抽核工作台对抽核规则进行基础设置及变更维护。

（二）系统自动稽核设计

系统自动稽核重在完成刚性控制规则的校验，初步完成部分柔性控制规则的校验。就费用报销业务而言，在财务参与的不同业务节点，稽核对象和稽核侧重点不同，具体可分为票据自动稽核、业务自动稽核和凭证自动稽核。

1. 票据自动稽核

智能财务会计共享平台在影像采集时、光学字符识别后、报账发起时自动执行票据自动稽核，同时，根据预设信用管理规则对业务人员、报账人员进行自动信用计分。若票据自动稽核刚性控制校验未通过，则票据不能进行下一步操作。票据自动稽核结果随报账单据流转至属地初核，由属地初核关注系统柔性控制校验，检验票据自动稽核运行的有效性。

2. 业务自动稽核

智能财务会计共享平台在报账发起时、业务审批后自动执行业务自动稽核。同时，根据预设信用管理规则对业务人员、报账人员及审批人员进行自动信用计分。若业务自动稽核刚性控制校验未通过，则报账单据不能进行下一步操作。业务自动稽核结果随报账单据流转至属地初核，由属地初核关注系统柔性控制校验，检验业务自动稽核运行的有效性。

3. 凭证自动稽核

智能财务会计共享平台在记账凭证生成时自动执行凭证自动稽核。若凭证自动稽核刚性控制校验未通过时，则记账凭证不能进行下一步操作。凭证自动稽核结果随凭证流转至属地初核及属地复核，由属地初核关注系统柔性控制校验，属地初核及属地复核共同检验凭证自动稽核运行的有效性。

（三）人工辅助稽核设计

对于人工稽核，可以采用"属地分散初核、属地分类复核、中心集中抽核"的三级人工稽核方式，由各三级财务单元完成属地初次审核（初核），由各二级财务单元完成属地二次审核（复核），由公司智能财务中心完成集中抽样核查（抽核）。

（四）稽核过程追踪设计

为确保会计核算质量，系统应对整个稽核过程进行记录，并为稽核人员提供前承稽核结果的回溯。在智能稽核功能中，稽核过程追踪设计如下。

1. 进行属地人工初核时，可追溯和参照系统自动执行的票据稽核结果，并在此基础上执行单据审核，进行业务管理和运营管理。

2. 进行属地人工复核时，可追溯和参照系统自动执行的票据稽核结果、业务稽核结果，以及属地人工初核的单据审核结果、业务管理结果和运营管理结果，并在此基础上对记账凭证进行审核签字，同时进行业务管理和运营管理。

3. 进行中心人工抽核时，可追溯和参照系统自动执行的票据稽核结果、业务稽核结果、凭证稽核结果，属地人工初核的单据审核结果、业务管理结果和运营管理结果，属地人工复核的记账凭证审核签字结果、业务管理结果和经营管理结果，并在此基础上对全部核算结果进行抽样核查，同时进行业务管理和运营管理。

除以上人工稽核时对前承稽核环节已完成稽核工作结果的追踪之外，还可通过灵活查询和便利统计等方式，从不同维度追踪已执行的系统自动稽核结果和人工手动稽核结果．如规则适用场景维度、规则执行强度维度、规则执行主体维度、业务发生主体维度、审计关注维度以及内控关注维度等等。

四、智能稽核的落地实现

（一）稽核功能的定制化开发

智能稽核工作台是智能财务会计共享平台中的核心功能之一，需要根据企业实际的稽核工作管理要求进行定制化开发。借助该功能，财务会计部门可以完成稽核规则设定、系统自动稽核、人工辅助稽核和稽核过程追踪四项关键智能稽核管理工作。为提高智能稽核的效率，方便稽核人员参照和确认系统自动稽核结果，人机协作稽核可在同一平台同一界面，共用同稽核规则库，即采用"同台共库"的操作方式。

（二）稽核规则的标准化设定

稽核规则的设计，包括制定稽核规则的设计标准、构建分类设计的稽核规则库、按业务类别确定属地复核的比例和中心抽核的比例等，是智能稽核实现的基础性和关键性工作。在智能稽核过程中，系统和人工共同使用一套稽核规则，实现"人机协作"的智能稽核模式。

（三）业财数据的数字化对接

系统自动稽核之所以能够实现，很大程度上依赖于业务数据和财务数据的数字化对接，即结构化数据从业务系统通过数据交换平台直接传递到智能财务会计共享平台，在智能财务会计共享平台以结构化数据进行存储和传递，同时按智能财务会计共享平台中统一设计的标准表单和数字化核算附件进行展示和用于稽核。

（四）文本文件的数字化转换

对于本身是纸质文件且不能通过扫描识别采集到结构化数据的核算附件，应采用数字化表单的方式，将原始凭证关键信息在业务系统中形成结构化数据，进而传递至智能财务会计共享平台。在智能财务会计共享平台中，以结构化数据存储和传递，同时，按统一设计的数字化核算附件进行展示和用于稽核。

总之，在智能财务会计共享建设过程中，核算自动化过程和结果的可靠性，很大程度上依赖于智能稽核规则的设计完整性与执行有效性。其中，设计完整性体现在稽核规则库的建设，执行有效性体现在三类自动稽核（票据自动稽核、业务自动稽核和凭证自动稽核）的系统实现和三级人工稽核（属地人工初核、属地人工复核和中心人工抽核）的职责分工。此外，稽核过程的双向追踪设计，有助于提高各人工稽核环节的稽核效率，也有助于核算质控人员从整体上把握稽核进展和稽核结果。

第六章　智能化视域下会计教育的发展研究

信息时代，大学会计教育急需根据时代要求进行改革，融入智能化的教育技术和方式。本章是对智能化视域下会计教育的发展的研究，包括智能化视域下大学会计教育的变革、智能化视域下财务共享服务课程体系开发与建设、智能化视域下财务共享服务教育与认证体系三部分内容。

第一节　智能化视域下大学会计教育的变革

一、大学会计教育的窘境

对于大学会计教育来说，并不是大家不愿意作出一些改变，而的确是存在着一些客观的困难和挑战。

那么，是什么造成了大学会计教育的窘境呢？本书总结出下面几点原因。

（一）具有创新能力和实践经验的师资不足

教书育人，好的师资是极其重要的，"高素质师资队伍是培养高技能人才的根本保证"。在那些优秀大学的顶级师资中，有不少教授兼具创新能力和实践经验。一方面，这些优秀的教授没有停止过自我学习；另一方面，他们更多的是向企业管理人员授课，从而以另一种方式积累着实践经验。

但同时，国内还有不少大学教师是没有这样的声望和条件去获得创新和实践的机会。教学是所有职业中最复杂、最重要、最严谨的工作之一。由于大学教师任职的门槛高，企业中有实践经验的管理人员也基本没有进入大学任教的条件。这就造成了大学里具有创新能力和实践经验师资的不足。

（二）学生过多且对专业热爱不足

很多学生在高考填报志愿时，并没有认真地思考过选择会计这样一专业对自己来说到底意味着什么？自己是否会真心热爱这门学科？没有兴趣的学习注定是低效的，并且学习者也难以成长为最顶尖的那一批人。

还有很多考生在填报志愿时望名生义，仅仅从名称上去认定专业的好坏，而忽视了自身的专业志向和兴趣。

（三）证书导向，不是万能药

当学校的教育者们意识到就业是个问题后，开始研究怎样解决这个难题。在近几十年，随着各类会计证书相继涌入，在学校中流行的各类职业证书本是针对在职人士的，而且当其积累了一定的工作经验以后再来学习会更有价值，而学生单纯以应试为目的，其学习效果差了很多，拿到证书的学生也未必能够应对复杂的工作实践场景。当然，一些会计公会、机构也在积极扭转这种局面，通过在学校中开展各类素质提升活动来帮助学生成长。

（四）会计是一门技术活，在校学生缺乏实践的机会

会计专业本身，特别是会计专业，可以说是一种技术活，经验的积累很难一朝一夕做到。而学校中设置的很多课程还是偏理论性的，学生一旦面对实务，则往往难以上手。

这种情况的出现是因为很多大学和企业脱节，学校教育难以模拟还原真实的实操场景，虽然近些年出现了各类实操实验课程，但多数还是属于纸面设计，在信息系统的拟真性上还有很大的差距。也有一些大学试图将学生推荐到企业实习，但由于学生能力不到位，本身做不了什么，而且企业也很难为了短期实习投入大量的精力并从中受益，实习这件事情在多数情况下流于形式。

（五）智能化结合的条件严重不足

在智能时代，大学和社会实践就更容易脱节了，不但和智能化结合难，而且多数大学还处于和信息化难以有效对接的阶段。对于会计学科，国内很多院校只能基于一些传统的本土产品构建学习环境，对于 ERP 的应用，以及更为复杂的管理会计、共享服务、经营分析等应用场景则很难构建环境，更谈不上构建智能时代所需要涉及的大数据、云计算、区块链、人工智能等技术领域的学习环境。

二、大学会计教育改革的必要性

对于大学来说，怎样打破这样的窘境呢？在计算机技术出现的时候，很多大学的会计专业没有抓住机会，在学校中的计算机专业如火如荼发展的时候，会计专业还在电子表格和会计电算化中苦苦挣扎。在互联网出现的时候，差距进一步被拉大，学校难以为会计专业搭建一套完善的拟真网络化作业平台，学生难以在网络环境中学到互联网时代的分工协同。而今天，大学的会计教育改革势在必行。

（一）面向未来的新机会稍纵即逝

机会并不是随时都会来临的，也不会轻易出现在没有准备的人面前。在信息化和互联网时代来临时，多数大学都没有抓住机会。而今天，智能时代已经到来，如果错过了这个机会，有可能会错过在未来数十年中最大的一次机遇。

在从互联网时代向智能时代转变的过程中，技术会呈现爆发式的演进，已经没有机会让我们再像过去那样，花上十年、二十年的时间来慢慢学习、慢慢转型。如果自身没有做好准备，机会将稍纵即逝，而在第一个环节被落下后，将难以追上后续的步伐。

（二）会计专业学生的就业竞争前置为大学教育能力的竞争

会计专业毕业生的竞争环境已经到了非常严重的程度。一方面，会计专业毕业生的数量还在持续增长；另一方面，有很多单位没有招聘应届会计毕业生的计划，会计专业学生整体就业形势异常严峻。

原本受到毕业生热捧的国有企业和外资企业都面临着各自不同的问题。在如此严峻的环境下，大学之间的竞争很多时候都成为就业水平的竞争，而就业的核心在于学生的素质和能力与企业用人需求之间的匹配程度。在未来，能够在智能时代培养出满足企业用人需求的大学，必然是在智能化浪潮前敢于"疯狂"一次的那些学校。

三、如何构建智能风口飞起来的能力

面对不足，如果大学会计教育的管理者能够意识到这个问题，那么现在仍然有机会去构建智能时代的教育能力。智能化的风已经刮起，但并不是谁都能飞得起来，要抓住这一机遇，必须用心去构建自身的能力。

（一）站在企业的角度来说，需要大学输出怎样的学生

伴随一些跨国企业进入中国，管理培训生制度流行起来。越来越多的企业会每年设定一些名额，从名校中优选学生作为管理培训生。这些企业对学生综合能力的要求很高，如果企业本身处于智能化行业的发展受益通道中，则会侧重于学生对智能技术理念的关注和准备情况。而有很大一批素质不错的学生会进入会计师事务所或者咨询公司。如图 6-1 所示，企业用人的时候，更倾向于选择那些基础素质过关、逻辑能力强、有分析能力、能够熟练运用各种技术工具且视野高度开阔的学生。因此，可以看到，对于相对高端些的用人需求来说，与智能时代技术理念的接近程度，在很大程度上决定了其进入优质岗位的机会。

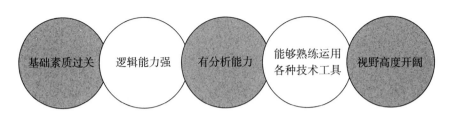

图 6-1　优秀企业对毕业生的选择标准

而非常多的学生会从标准化的基础工作中开始自身的职业生涯，如财务共享服务中心。在今天，即使是财务共享服务中心，对学生的能力也有一定的要求。财务共享服务中心更愿意选择那些对常用作业系统、作业流程有一定认识的学生，在后续的培养过程中可以更高效地达到预期效果。而那些对共享中心运营环境有着更深入的理解，而且有潜质参与到流程优化和改进过程中的学生，在未来则有机会从作业型岗位走上运营管理的相关岗位。

（二）大学如何输出满足智能时代要求的优质学生

对于大学来说，具体使用怎样的方法来输出满足智能时代要求的学生呢？本书认为有三个方面非常关键，分别为技术的演进、广泛的合作及积极的创新突破。

1. 技术的演进

我们必须认识到，智能时代的到来并不是突兀的，它的出现与之前的技术发展之间存在着不可割裂的关联关系，也就是说，存在一条技术演进的路线。对于大学来说，如果要在智能时代抓住机遇，就需要在这之前快速补课，将整个技术演进路径的能力构建起来。那么，这条技术路径是怎样的呢？

首先，从互联网开始。在当今社会环境中，学生必须对互联网有深刻的认识，企业财务所有的工作都是在互联网下的协同环境中实现的。同时，基于互联网延伸出丰富多样的财务创新应用，如财务共享服务、业财一体化、前置业务流程中的财务成本管控（商旅管理、电商采购）等，这些都超出了传统会计教育的范畴，而全面预算、管理会计、经营分析等也都离不开互联网环境。在互联网基础上演进形成的是移动互联网，这一模式从本质上和互联网是相似的，但也丰富了会计的业务场景。

其次是大数据和云计算。在大数据和云计算下，传统的会计分析工作会受到影响和改变，而会计的作业平台也会涉及越来越多的云计算模式。在这个阶段，需要大学帮助学生提升自身的认知能力，使学生能够基于这些技术对会计的影响形成自己的观点和认识。而依托大数据和云计算的产品应用，也是需要关注的。

最后是人工智能技术的出现。人工智能是大数据和云计算发展到一定阶段后，才能够在企业实践中有效运营的技术。在这个阶段，大学需要培养学生的算法能力，虽然是会计类学生，但未来优质的工作岗位一定属于那些能够结合会计知识和算法能力的复合型人才。

2. 广泛的合作

我们还要客观地认识到,要想在短时间内构建起完善的教学能力并不是容易的事情,如果仅仅依靠自身的培养和建设,则很有可能在能力尚未建立时便错过了重要的机会。那么,如何快速构建能力呢? 广泛的合作是最佳的选择。在这里,本书谈四种合作模式。

第一种合作模式是大学内部合作。当然,一谈到内部合作,大家都会抱怨合作并不容易。在内部合作方面,特别建议综合性大学和理工科大学进行一定的尝试。在这一类院校中,信息技术类学科的积累较深,与企业会计部门在进行自身变革时寻求公司内部科技部的帮助是同样的道理,大学的会计专业借力信息技术类专业,能够快速弥补自身的短板和不足。当然,对于一些纯财经类院校,可能在这一方面就会有些难度。

第二种合作模式是和企业合作。近几年,有一些大学希望能够通过与企业合作,为学生创造更多的实践环境,如联合建立实验室、成立实习基地等。这种模式应用比较多的主要是在会计作业运营领域,由于企业存在用工需求,希望以此来降低自身的运营成本,而大学希望给学生找到实习实践的机会,这就使双方的合作有了基础。

第三种合作模式是与软件厂商进行合作。实际上,这种合作模式是比较常见的,但是存在合作对象不足的问题,国内院校大多与金蝶和用友公司开展合作。但是在企业实践中,对会计信息化产品的应用远不止这些,大型企业集团涉及的会计信息系统可能有数十个。在这种情况下,大学应当考虑与更广泛的软件厂商展开合作,建立丰富多样的联合实验室。对于软件厂商来说,与大学的合作在其产品的研发、测试上都会有所帮助,不妨找到双赢的合作点。

第四种合作模式是与各种会计公会、协会合作。与这一类组织的合作并不只有考试认证,站在大学一方,应当考虑如何借助这些机构的力量来帮助学生打开视野。这些机构通常都有非常丰富的企业专家资源,借助这些机构引进专家走入大学是很好的教育创新形式。

3. 积极的创新突破

大学会计教育要想破茧而出,必须苦练内功,进行积极的创新突破,从思想上提升对智能时代的认识。实际上,会计人员无论是在大学教师的群体还是企业内部,都很容易被打上保守、不善创新之类的标签。

如果要求大学的会计教育者能够达到智能时代的人才培养要求,就需要进行必要的自我突破,而不能继续依赖传统的知识体系。庆幸的是,近年的大学一些有想法的学生在积极突破自身的桎梏,能够做到空杯心态,走到面向企业管理人员的社会化培训的课堂中,去提升自身能力,并获得创新的思想。

大学的教育者要在以下几个方面实现突破。

第一,学习能力的突破。大学的教育者要能够做到快速学习和终身学习。如果一个教书育人者自身的学习能力不提升，则很难帮助学生跟上时代的步伐。不妨借鉴企业管理人员的学习方法，积极参加社会化培训，借助互联网进行碎片化学习。

第二，创新能力的突破。教育本身就是一个产品，对于大学教师来说，要有产品经理的精神，关注用户的需求。不妨借鉴一些产品经理的工作模式，把创新当作一门学问深入钻研，设法将会计教育这个产品打造出不一样的新模式。

第三，教授能力的突破。好的教育是能够用通俗易懂的方式帮助学生成长。好的大学教师不应当再把考试、考证作为教学追求，而需要提升自身的教学能力，将学生当成社会人来对待，试着用培养企业员工的标准来培养学生，跨越大学与企业之间人才衔接的断点。

智能时代的会计教育，是未来整个会计行业发展的基石。站在企业的立场，我们期待大学能够培养出越来越多高素质、有创新能力、视野开阔的会计后备人才。

第二节 智能化视域下财务共享服务课程体系开发与建设

财务共享中心所需人才呈现规模大、专业性强等特点，导致其已经成为各企业发展财务共享中心的一大障碍。财务共享的发展推动了人才转型，因此对于财务共享中心的人才培养、支持方面的探索显得尤为重要。

一、校企合作联合培养

虽然中国大学培养了大批会计人员，但很难满足社会对专业型和管理型多层次会计人才的大量需求。

人才培养策略的实施主要集中于基层适用型人才，是构建行业人才结构基础的主要方式。因此，对于共享中心、财务服务外包等智力密集型服务业来说，培养人才更是至关重要。新型产业需要新型人才，新型人才培养需要创新性的理念和方式。地方政府可以采用给园区企业培训补贴等措施来支持企业的员工培训，也可以通过与企业或者第三方机构合作来培训人才。

一些网站提供了相关的财务共享人才培养课程。提供的课程包括"如何建立财务共享中心""企业财务共享服务""财务共享中心的建立和运营管理""未来财务模式""标杆企业财务共享服务案例""财务创新管理""人单合一双赢""与财务共享服务""一体化人力流资源共享服务中心的建立""管理与优化""移动+互联+大数据时代企业集团财务共享服务运营实战技能""财务共享管理模式""财务共享中心优化与完善""非财务经理的财务"。除了理论课程之外，该网站上还提供了一些案例分析课程等。

类似这样的社会培训网站和课程在其他网站也有出现，但数量不多且价格昂贵。

因此，建议各大学习网站可以全面普及一些价格较为合适的网络课程，让那些工资不高、从事基础会计工作的会计人员也有机会了解关于共享中心建设的知识。

此外，除了在网上开设课程，财务共享服务建设的相关内容也可以加入各大学会计教育的课程体系中，采取企业与大学相互合作的模式；也可以设立专门的财务共享会计专业，请一些在财务共享领域资深的专家合作授课。

二、财务教育培养的课程体系

无论是社会培训还是大学专业培训，建议财务共享课程规划从课程标准开发和课程教学体系开发两个方面进行探讨。

（一）课程标准开发

在"互联网+"时代背景下，会计人员面临转型，会计人员的职能发生了变化，工作重心由核算向管理、业务财务、财务管理决策转变，同时会计工作职能面临着像工业4.0一样的发展进程，出现财务领域的4.0，这是社会经济发展的必然趋势。"财务共享服务"课程的设计开发将与时俱进，人才培养定位从核算型转向管理型，以实现工作体系到课程化的转变，职业能力标准到课程标准的转变，以就业为导向，培养学生良好的职业道德和素养，使学生具有熟练的职业技能和可持续发展的关键能力。

课程建设团队将采用以下具体开发步骤。第一，由项目负责人牵头，构建由专业带头人、骨干教师、企业技术人员组成的课程建设团队，共同分析职业岗位（岗位群）能力，设计调研方案，面向会计岗位从业人员进行典型岗位调研和调查统计分析，形成调研报告。第二，根据岗位的任务、项目、能力、知识进行综合分析，形成职业岗位（岗位群）能力分析表，项目成员分析各岗位（岗位群）所需的能力、素质、知识的关联性，撰写课程标准初稿。第三，召开由课程研发专家、企业会计主管、注册会计师及项目团队成员参与的现场项目研讨会议或者评审会，审议通过课程标准。

从大学会计专业课程的具体设置而言，大学是培养管理人才的重要阵地，在新时期大力推广管理会计、推进财务共享服务，需要进一步优化学校的管理会计人才培养方式。面对商业发展和我国大学管理会计教育的现状，对大学管理会计人才培养提出以下构想。

从宏观角度来看，大学会计专业应按照"厚基础、宽口径、强能力、高素质"的原则进行设置。

首先，重点大学的会计专业应适当缩减原有的大量的会计基础类核算课程，因为这些工作会在财务共享服务的趋势下逐渐被学历相对较低的人员承担。

其次，要正确认识和理解管理会计与财务会计的融合，因为管理会计起步于财务会计。在强调学生数学能力、统计能力和计算机能力的基础上，专业课应尽量涉及企业管理的各个方面。

最后，认清管理类会计人才知识的宽广性，大学需要拓宽专业，整体优化。在时间安排上，前两年的主要课程及实践环节都可以与同一领域的其他专业有共同的专业基础课，按管理学科宽口径培养，以打好专业基础；同时根据人才培养的方向不同设置一定数量的选修课程，后两年则分专业方向培养。

（二）具体课程设置

培养管理类会计人才，需要开设多元化的课程，不能仅围绕管理会计本身的内容开课。我国大学新型会计专业合理的专业课程体系应分为以下三类。

第一类是专业基础课。主要有经济学原理、会计学原理、管理学原理、金融学、经济法、统计学、市场营销、高等数学、线性代数、概率论与数理统计。这些旨在让学生掌握本学科的基础理论、知识和技能。

第二类是专业核心课。一是专业必修课：中高级财务会计、财务报告分析、企业战略管理、财务管理、成本管理学、投资学、审计学、税法；二是专业选修课：管理信息系统、专业英语、资产评估、商业银行经营管理、金融工程学、税务筹划。这些是集中体现本专业特点的核心课程。

第三类是跨学科课。主要包括证券投资理论与实务、计算机会计、国际金融、会计制度设计、租赁会计、环境会计专题、人力资源会计专题等，这些课程旨在扩展学生知识面。

同时，应注重中国经济和企业发展中出现的新财务问题，应结合学生的培养需要，体现在会计教材及具体教学过程中。例如，财务共享服务案例分析；中国集团企业财务问题，如集团企业的财务体制、资本经营、集团企业母公司对子公司的财务激励与控制等；中国中小企业财务问题，如中小企业的融资环境、财务特征、改制及出售等；中国上市公司财务问题，如上市公司融资机制与融资结构、投资机制与投资行为等。

（三）理论和实践相融合的课程教学内容和结构体系设计及建设

"财务共享服务"课程体系主要构建思路为"理实一体化"课程体系，涵盖理论及案例研究、财务共享中心建设沙盘模拟、财务共享服务软件实际操作、财务共享体验中心仿真模拟四块内容。这四块内容既相互联系构成一门完整的课程，又能独自开课单独教学。

（四）财务共享服务理论与案例学习

这部分的学习主要帮助学生建立对财务共享服务理论的认知，掌握应用分析的理论框架。

具体授课内容包括：财务共享服务发展应用现状；企业为什么要建设财务共享中心；什么样的企业适合建设财务共享中心；不同类型企业的财务共享中心有什么特点；

如何建设财务共享中心；财务共享中心建设需要重点考虑的要素；财务共享中心的建设路径和实施方法；财务共享中心的运营管理；企业共享中心建设案例分析等。

（五）财务共享中心建设沙盘模拟

财务共享沙盘模拟实验部分是课程中极具特色的部分，该模拟实验教学的目的是帮助学生更好地理解并应用财务共享服务理论，通过分工分组、角色扮演、沙盘推演等实际场景教学，应用所学理论知识来共同讨论，设计给定案例背景环境下的财务共享中心的规划和建设方案。沙盘模拟实验能充分调动学生的学习积极性和主动性，除了有助于培养学生的主动思考分析能力，更能培养学生的团队意识及沟通交流能力。

（六）财务共享服务专用教学软件

浪潮研发了财务共享服务软件教学版，重点学习财务共享服务的功能，并依据给定的部分数据实际操作。通过查看与分析财务共享软件展现的数据，一方面可以掌握财务共享中心的主要功能与作用，另一方面可以提升财务管理的水平，全面掌握财务共享中心运营的信息支撑系统。

（七）财务共享体验中心仿真模拟

大学可以按照企业共享中心的建设实际搭建仿真模拟环境，根据既定的角色设置及脚本设计，使学生分岗位在较真实的办公环境去体验财务共享中心的业务运作，真正了解实际的财务共享中心，从而培养学生处理企业实务的能力，以及更加鲜活地掌握财务共享中心的管理流程、工作形式及内容、特殊工作设备等。

大学还应加强实践教学，培养创新能力。设置财务管理专业、专业实习、学年论文、会计模拟实验等，将课题性实验、综合性课程设计和学生参与科学研究实践在教学计划中予以落实。针对目前有相当一部分实践教学流于形式的问题，需要三方面的共同努力：一是要努力提高学校和学生的认识；二是要努力提高工作单位的社会责任；三是加强财政部门的支持，利用其影响力促进学校与单位建立人才实践培训基地，为学生提供实习平台。

实训课程设置的具体内容包括财务共享沙盘模拟实验课程和财务共享软件教学两个方面。

1. 财务共享沙盘模拟

浪潮财务共享中心建设沙盘是国内首款具有独立知识产权的财务共享沙盘产品，该沙盘产品包括沙盘盘面、沙盘工具箱、沙盘模拟配套教程等。

从目前大多数已经完成或正在建设财务共享中心的企业来看，建设过程中所考虑的主要因素包括建设模式、实施策略、组织、人员、办公选址、业务范围、信息系统、运营管理等。这些要素在财务共享沙盘中均有所包含，并在盘面三个区域内进行展现。

沙盘盘面构成主要包括：战略与政策规划中心、共享业务规划中心和运营与技术规划中心。战略与政策规划中心划分为建设目标、建设结构、职能定位、建设策略、建设原则、建设结构示意图等子区域。共享业务规划中心划分为四个业务区域，可针对企业财务共享中心建设中最常见的费用报销业务、薪资发放业务、应收业务、应付业务进行共享后的业务流程及管理制度梳理。每个业务区域均包括业务场景和制度内容，其中业务场景包括业务流转对应的具体岗位、业务操作内容和实物单据。运营与技术规划中心划分为基础环境及设备、信息系统、运营管理制度三个子区域。

财务共享沙盘模拟实验课程是借助沙盘教具，展现出企业建设财务共享中心的主要流程，是将财务共享中心建设时考虑的主要因素、业务流程梳理、运营管理等相关内容制作成实物模型，按照一定的操作规则，模拟企业建设财务共享中心的过程。实验课程中，每组学生组成企业财务共享中心筹建小组，分别扮演集团财务部部长、业务专家、信息化专家等岗位角色，使学生身临其境，真实体验财务共享中心的筹建及运营的主要流程。

财务共享沙盘模拟实验具有体验性和综合性的特征，可以充分调动学生学习的参与性和主动性，期望通过课程可以达到六个目标：第一，帮助学生更好地理解并应用财务共享理论；第二，教导学生分析建设财务共享中心的关键影响要素；第三，让学生学会分析建设财务共享中心的关键影响因素；第四，让学生掌握建设财务共享的框架和要素；第五，掌握建设财务共享中心的路径和方法；第六，学会制定财务共享中心的建设规划。

教学准备：财务共享沙盘模拟实验课程主要以沙盘教具为载体，一般包括沙盘盘面和沙盘工具。同时配合沙盘模拟企业背景、业务流程现状等内容，完成财务共享中心建设的沙盘模拟任务。沙盘模拟需要较大的桌子用于摆放沙盘盘面及沙盘工具，便于学生进行集中讨论制定方案和完成相关资料的填写。

教学计划：考虑到各院校或者各个培训机构的专业教学大纲和课程设置方面的差异，本实验课程主要分为两种不同的情形：情形一，配合财务共享理论课程开设的沙盘模拟实验课程，不需要对理论知识进行单独授课；情形二，单设财务共享沙盘模拟课程，可在实验过程中，抽取部分学时进行理论讲解。

教学步骤：财务共享沙盘模拟实验教学过程中，可将学生分成不同小组，每个小组6~8人，小组成员分别扮演企业财务共享中心筹建小组的不同岗位角色，共同讨论确定财务共享中心建设方案。每个小组在沙盘盘面上的相应区域完成方案讨论、方案设计、展示和报告任务。

具体模拟过程中，战略与政策规划中心模拟包含三部分，分别是选项工具摆放、手工描绘和数据计算。选项工具摆放这项工作主要包括建设目标、建设结构、职能定位、建设策略、建设原则、选址因素、选址地点、内部组织规划方法、共享中心人数测算方法。按照小组讨论结果，可选取已有的选项工具在沙盘盘面位置进行摆放，或通过在空白选项工具上填写创新性内容的方式进行摆放。手工描绘主要包括建设结构示意图和内部组织结构示意图。在建设结构和内部组织划分方法确认后，需要在这两个对应空白选项工具上手工描绘出架构示意图。此外，共享中心人数需要测算，并在空白选项工具上手工填写具体数字进行摆放。

共享业务规划中心模拟包括费用报销、应收核算及收款结算、应付核算及付款结算、工资四类业务，均从制度内容、业务场景（操作岗位、业务操作内容、实物单据）两个方面进行统一规划。可按三步来完成：第一步，差异分析。学生需要分析四类业务在各子公司的现有管理制度和流程是否存在差异，并总结存在的差异点，在差异分析表中简单总结差异内容。差异分析表是学院在沙盘模拟过程中，用于整理分析案例公司各不同业务在管理制度或流程方面存在的差异。第二步，制度内容规划模拟。差异内容总结完毕后，学生需要了解企业期望通过财务共享中心建设达成的业务管理目标是什么，依据此目标确认需要统一的管理制度内容有哪些，并可选取已有的选项工具在沙盘盘面对应位置进行摆放，或通过在空白选项工具填写创新性内容的方式进行摆放。第三步，业务场景规划模拟。学生需要了解企业期望通过财务共享中心建设达成的业务管理目标是什么，依据此目标确认共享后的业务流程是什么，并可选取已有的选项工具在沙盘盘面对应位置进行摆放，或通过在空白选项工具上填写创新性内容的方式进行摆放。业务场景模拟完成后，对于需要纳入共享中心的操作岗位，在其上摆放小红旗代表即可。

财务沙盘模拟的最后一部分，运营与技术规划中心模拟主要包括：基础环境及设备、信息系统和运营管理制度。学生需要依据已经规划确认的战略与政策内容、共享业务内容，确定建设财务共享中心需要的基础环境及设备、信息系统及财务共享中心建设后需要遵循的运营管理制度。按照小组讨论结果，可选取已有的选项工具在沙盘盘面对应位置进行摆放，或通过在空白选项工具上填写创新性内容的方式进行摆放。

在模拟完成后，以小组为单位，由每组学生对本组的沙盘模拟结果进行随堂展示，对沙盘盘面的每个环节进行讲解说明，由教师随堂对每组学生展示的沙盘模拟实验结果进行点评，并进行评分，作为总成绩中沙盘呈现的分数；同时，对每组学生沙盘模拟过程中存在的问题或知识点进行总结分析。沙盘模拟实验总结报告在学生完成了财务共享中心的建设规划方案之后进行，是沙盘模拟实验的最后阶段。总结报告将对小组进行的包括建设战略和政策规划、费用报销业务、工资业务、应收业务、应付业务、运营和技术规划等所有实验任务及其预期建设效果进行总结。学生需要以小组为单位整理总结报告，并提交给教师。

2. 财务共享软件实验课程

此外，企业数字转型、智能化发展，使财务共享趋向流程自动化和柔性化，因此，财务共享软件实验课程对于人才培养不可或缺。以浪潮 GS 企业管理软件为平台，给学院提供一套模拟企业建设财务共享的基础数据、业务数据和运营管理信息，学生以个人为单位或分成小组，按照既定的操作流程完成财务共享相关的基础数据设置、业务及组织规划、共享业务处理、运营分析等实验操作。在实验课程中，讲师针对每堂课的实验主题，讲解其相关的知识点、软件操作流程和操作方法。学生可以扮演系统管理员、业务员、运营管理人员等岗位角色，登录浪潮 GS 软件，真实体验不同岗位角色的财务共享相关操作流程。课程主要内容包括：浪潮 GS 客户端安装部署及财务共享中心软件应用介绍、财务共享初始化设置、四类不同业务在财务共享系统中的工作流程、财务共享任务质量管理、共享中心运营分析、报表统计分析等。

该课程可以单独开课，也可以配合财务共享沙盘模拟实验课程开课。在沙盘课程的基础上，配合软件教学，能够更好地巩固学生所掌握的知识，并提升学生在信息系统中实践的能力，期望通过课程，达到三个学习目标：了解企业建设财务共享中心需要规划的基础数据内容及操作方法；了解纳入财务共享后业务处理的操作流程及操作方法；了解财务共享中心建设完成后，企业运营管理及分析的主要内容。

本课程建议采用上机考核的方式评定学生掌握软件的能力。实验教学是教学体系中的重要环节，实验动手能力是学生终身受益的基本功，提高学生实际动手操作能力，也是这门课程开设的核心目标。实验课的考核对提升学生软件学习的效果起着决定性的作用，通过上机考核，可以有效激发学生学习的积极性、主动性和创新精神，可以科学合理地评定学生实际的动手能力。

综上所述，财务共享专业课程建设任重而道远。对于课程的建设，要本着求真务实、与时俱进的原则进行规划，依托"互联网+"的时代背景，将知识的传授转化为对学生综合能力的培养，并贯穿在课堂教学中，为培养符合社会所需的会计人才做出应有的贡献。

第七章　智能化视域下会计创新实践

会计需要创新，创新更需落实到实践之中。在创新实践中，不光要进行种种开发设计和应用，而且要避免出现疏漏和问题。本章是对智能化视域下会计创新实践的研究，内容包括智能会计应用的领域、电子发票助力管理升级、管理会计打破维度的限制以及解决财务渗漏问题。

第一节　智能会计应用的领域

本节分别介绍智能会计在中小企业融资、供应链金融、高新技术企业、智能制造、银行不良资产管理和发票区块链六个领域中的应用。针对六部分内容中所面临的问题，分析如何利用智能会计来解决相关的问题以及具体的应用情况，有助于了解智能会计在我国的发展程度，助力智能会计更高水平的发展。

智能会计在大数据、人工智能、移动互联网、云计算、物联网、区块链和环境体验等高新技术的支撑下，融合了共享经济理论、财务共享理论、大数据理论、云计算理论、区块链理论和人工智能理论六大理论基础，实现了业务、财务、税务和管理的一体化发展。智能会计在此基础上，形成了包含数据采集、数据集成与存储、数据分析应用以及信息呈现的智能会计系统总体框架。本节介绍的六大领域是智能会计基本原理的应用化体现，智能会计首先通过对数据的有效采集，将杂乱无章的数据变为企业的资产，形成底层的数据来源；其次在信息技术的支撑下，智能会计实现了数据的互联互通，解决了"信息孤岛"问题，同时存储于数据库中的数据也能保证数据的实时性和完整性；再次，通过数据分析将企业的业务数据转化为财务数据并以此为基础提供分析报告，满足不同信息使用者的需求；最后再以特定的形式将获得的信息予以展示。

智能会计在重点领域的应用以上述基本原理为基础，将原理与实践相结合，在此基础上拓展并延伸了相关的应用形式，实现了智能会计的有效利用。未来，智能会计需要以此为起点，实现多领域多形式的应用，解决不同领域中面临的问题，真正发挥出智能会计的优势。

一、中小企业融资

无论是发达国家还是发展中国家，中小企业在企业数量、吸纳就业、缴纳税金、科技创新、外贸出口等多方面发挥着重要的支柱作用。促进中小企业进一步发展壮大，对于我国稳就业、保增长目标的实现提供了一个强有力的支撑。促进中小企业发展也是关系到社会稳定和民生的重大战略任务，是保持国民经济稳定较快发展的重要基石。中小企业也是市场经济中最活跃的群体，是科技创新的主力军。中小企业能否茁壮成长直接关系到我国可持续发展能力和在全球价值链中的地位。

（一）中小企业的内涵

中小企业是指相对于大企业而言，经营规模中等及中等以下的企业。出于不同国家和地区的经济发展水平不一致的原因，中小企业在不同的国家有着不同的定义。

中小企业具备以下四个特征：其一，对市场变化反应灵活，发挥了"小而活""小而专"的优势。由于中小企业自身人、财、物资源相对于大企业有限，既无法经营多种业务来分散风险也无法在某一产品上形成规模效应，因此将有限的资源投入被大企业忽略的细分产品，以求在市场上站稳脚跟。以小补大、以专补缺、专精灵活是中小企业的发展之路。其二，行业齐全、点多面广，但是提高经济效益任务艰巨。大企业往往难以满足小批量的个性化需求，而当下的消费品生产已经从单一化、大批量转向了多样化、小批量，虽然中小企业作为个体生产效率较低、经营品种单一，但由于其群体量大、分布广、贴近市场、机制灵活的优势有利于当下的消费需求。其三，中小型企业是中国成长最迅速的科技创新力量，由于现代科技在产品发展方向和工业技术装备上有两方面的趋势，一方面是朝着集中化、大型化的方向发展；另一方面是向着分散化、小型化的方向发展。而产品分散化、小型化的生产模式为中小企业发展提供有利条件，目前许多中小企业的创始人往往是大企业和研究所的科技人员或者大学教授等。其四，中小企业抵御经营风险能力差、融资能力薄弱。综上所述，可以看出中小企业在我国经济发展中扮演着"弱位强势"的角色，所谓"弱位"是指中小企业因为自身经营规模小、人财物资源有限等原因造成了在与大企业竞争时始终处于弱势地位的群体，"强势"是指中小企业在社会发展、地区经济中具有特殊战略地位的重要性。

（二）中小企业融资现状

我国中小企业融资现状有以下几个特征：其一，中小企业融资以内源融资为主。内源融资通常也可以称为是内部融资或是收益留用融资，主要是企业不断将自身的留存收益和折旧进一步转化为具体投资的过程。中小企业内源融资主要包括关系人借贷和企业自筹这两种形式。其中关系人借贷的利率一般都高于同期贷款利率。其二，银行贷款是中小型企业最主要的外部融资渠道，但是银行对中小企业主要提供流动资金，很少提供长期的信贷。其三，中小企业普遍缺少长期稳定可持续的资金来源。

造成我国中小企业融资难、融资贵的原因可以剖析为以下两点：首先，银企之间信息不对称，企业的财务状况不透明导致投资者获取的信息不充分，企业陷入了信用危机，企业在向银行贷款的过程中容易产生"逆向选择"与"道德风险"，企业会隐瞒关于还款能力的不利信息而银行也无法获取贷款后实际的资金运用情况，银企之间的信息不对称也使银行陷入两难的境地。因此银行的贷款对象主要为集体与国有企业，出于安全性的考虑，中小企业融资贷款条件严苛。当然，目前银行中间业务发展单一，在技术支持、管理咨询、代客理财等服务水平上与中小型需求相较落后。其次，中小企业自身融资能力不足也是原因之一，中小型企业规模小、企业资金积累薄弱，发展方向模糊盲目，会计信息透明度不足等多方面的影响使其抵御资金流动风险的能力较差，而且中小企业没有客观的信用体系导致其自身财务约束力较弱，经常改变融资资金用途。

智能会计借助高新技术，将业财税管数据做到与外部机构互联互通，将从根本上缓解银企之间信息不对称的情况，加强中小企业信息透明度，提高企业财务约束力，培育良好的数据生态，改善中小企业融资难的现状。

（三）智能会计在中小企业融资中的应用

虽然中小企业拥有国家、地方政府的扶持以及金融机构的融资支持，但是大部分中小企业依然存在财务管理意识淡薄、水平不高等问题。而融资管理作为财务管理的重要环节，对企业后续的投资管理、利润分配等起着非常关键的作用，在智能会计时代借助高新技术的力量，融入业财税管融合的理念必将重新构建企业融资管理的模式来提高融资决策的效率，智能会计将从数据资源共享、智能融资风险控制两个维度来提升中小企业融资管理效率。

1. 数据资源共享

大数据技术作为智能会计的底层技术之一，将从精准预测资金需求量、智能匹配融资方案、有效控制融资成本这三个方面改善企业融资管理决策。

首先，预测资金需求量是企业融资管理的基础环节，传统会计由于对数据搜集、处理、分析手段的技术限制，在采用销售百分比法时对企业未来的销售额预测不够精准，但是在智能会计平台下，企业可以实时获取与预测资金需求相关的各类业财税管数据，利用大数据技术清洗、转化、分析的功能将采集到的结构化、半结构化、非结构化的数据转换为销售、盈利等信息，让企业资金需求预测更加精准可靠。其次，智能会计平台可以为中小企业智能地选择融资方案，中小企业可以将本企业的融资方案上传到智能会计平台，结合企业偿债能力、发展能力、运营能力、盈利能力与行业进行对标，通过商业智能系统对中小企业的融资方案进行智能化评估，推荐最优融资对象。并且中小企业在初创阶段运营重心在市场开拓等工作上，较少关注国家以及地方政府的扶持政策，而智能会计平台可以与国税局、银行等进行互联互通，相比于传统会计可以更加合理地优化融资方案。最后，智能会计平台将从降低资本成本、优化资本结构两个方面来有效控制融资成本。其一，企业的资本成本包括筹资费和用资费，传统会计下的计算模型包括考虑货币时间价值的现金流折现模型和不考虑货币时间价值的一般模型，而由于数据分析技术的限制，股权未来现金流量等数据的测算大部分依赖会计人员的主观判断，影响到了计算企业资本成本的准确性。而在智能会计平台，采集国家财税政策、资本市场信息、企业自身业财税管数据等，通过大数据清洗、筛选、分析，精准测算未来现金流，智能化调整融资方式的占比来控制企业资本成本，从而使企业综合资本成本更加低廉。其二，智能会计平台通过采集企业信息、市场信息等结构化、半结构化、非结构化的数据来精准预测息税前利润、每股收益以及折现率等指标来优化资本结构。

2. 智能化融资风险控制

智能会计平台将基于大数据风控的视角，对中小企业融资风险进行分析与控制。传统会计下的融资风险管理获取真实数据时效低、成本高、范围窄，金融机构在评估中小企业信用时更加关注企业抵押品价值等量化的财务数据，然而这些数据在财务报表编制过程中容易出现失真的情况，但是在智能会计下，利用大数据技术可以实现对企业资信能力的跟踪分析，利用大数据模型可以对企业违约风险、还款能力进行准确的评估，缓解企业与金融机构之间信息不对称的问题。此外企业可以在智能会计平台上收集各类交易数据、社交数据等碎片化的信息进而全面深度掌握企业运营状况，将预警机制与融资后资金风险监控结合业财税管数据，为金融机构、监管机构等提供智能化贷后风险管理，如果出现影响企业信用的行为，智能会计平台将自动对企业发出预警提示，企业在日常经营活动中利用智能会计平台提供的业财税管数据可以实时监控企业融资方案中的资金使用情况，在使用资金即将超出方案总额时发出预警，来帮助企业合理使用资金，增强企业对融资资金的风险控制能力。同时智能会计平台建立融资风险应对数据库，利用人工智能技术建立起融资风险应对体系和融资风险应对知识库，在企业经营过程中，智能会计平台根据融资风险类别和应对措施变化实时更新知识库，从而当风险预警发生时可以自动映射到融资风险体系，并根据知识库及时准确地找到相应的融资风险应对措施，实现融资风险的智能化决策处理。

二、供应链金融

在我国经济转型的重要时期，发展供应链金融显得十分重要，目前来看主要有三个原因。其一，迎合了规避金融危机的需要，由于我国银行资金流向实体经济的渠道堵塞，巨大的资金游离于实体经济之外空转，虚拟经济泛滥，蕴含了巨大的金融风险。供应链金融打破金融与实体的隔离，在支持实体经济发展的同时防范了各项风险，对于规避金融危机意义巨大。其二，有效改善民营中小企业融资难、融资贵等问题。供应链金融从企业供、产、销等各个环节整体出发，较好地克服了信息不对称的问题，在保证银行利益的前提下，改善了中小企业融资难、融资贵等现状。其三，其是我国从贸易大国转向贸易强国的需要，由于我国金融在国际贸易中的作用不强，因此我国目前是世界第一贸易大国而不是贸易强国。发展供应链金融，构建环球供应链金融体系来克服国际贸易中的贸易壁垒，实现贸易自由化，并进一步优化升级我国在国际贸易价值链中的地位与结构。

（一）供应链金融的内涵

20世纪80年代，世界级企业巨头为了寻求成本最小化而产生的全球性业务外包，生产的分工模式从企业内转向企业间，企业间的分工模式使行业内的世界级企业巨头专注于自身最具有优势的领域，其他环节通过业务外包由外围的中小企业承担，利用比较优势降低整个产品链的生产成本。基于分工模式的改变导致整个产品链的管理更加复杂，因此一种新的生产管理模式便应运而生，也就是供应链管理。所谓供应链，是企业为获得竞争优势，以市场为导向，在将产品或服务提供给最终用户过程中，为将供应商、制造商、分销商、零售商和最终用户有效组织起来而形成的网链。所谓供应链管理，是核心企业通过对信息流、资金流、物流的控制来对整个生产过程进行协调。其中资金流是供应链得以循环维持的最关键因素，由于赊销模式是供应链中主要的交易模式，该模式通过延缓核心企业付款模式，将资金压力推向了上下游的中小微企业，由于这些中小微企业属于高风险的贷款人，其迫切的资金需求无法得以满足从而使整个供应链财务成本上升。因此如何做到资金流的有序衔接正是供应链管理面临的困难，目前这一困境已经影响到了供应链管理模式的整体成本。供应链金融的发展正是适应了解决这一困境的需要，由金融机构、第三方物流和供应链上下游企业等充分发挥各自的优势，为供应链中弱势地位的中小企业提供融资服务，促进供应链核心企业及上下游企业"产供销"链条的稳固和流转畅通。供应链金融是针对中小企业量身定做的一种融资模式，将单个企业的风险管理转化为整个供应链的风险管理，改变了原先银行独立考察单个企业信用的思维模式，而是围绕"1"家核心企业，全方位地为链条上的"N"个企业提供融资服务。供应链金融模式在一定程度上缓解了因企业自身的性质所带来的融资限制。

（二）供应链金融存在的问题

我国供应链金融存在的问题包括：第一，供应链企业之间的数据共享不充分，存在广泛的数据鸿沟，缺乏必要的连接；第二，供应链金融对上游2级到n级的供应商融资需求难以被满足，导致在多级供应商模式下，供应链上的中小企业融资难、融资贵的问题未能有效解决；第三，传统供应链金融以核心企业为依托，为部分信用资质

"不达标"的中小型企业提供金融服务，商业银行等金融机构对供应链金融的风险把控其实是核心企业对整个供应链系统的风险把控，而核心企业作为单一的"记账人"，存在较大的道德风险，将导致供应链金融体系极不稳定；第四，贷后管理存在很高的人力成本，如果只依靠人力管理，势必将导致供应链体系运行效率低下，不仅会增加商业银行的操作成本，同时还将提升融资企业的融资成本。

财务作为供应链管理中资金链的重要数据信息来源，一直受制于可用数据、算力、算法等多方面的发展因素，人工智能技术一直未能对会计工作产生实质性的变革，而在大数据、区块链、云计算、物联网、5G等新一代信息技术和第四次工业革命的推动下，过去制约该技术发展的因素已有了重大突破，在智能会计时代，其自主感知、学习、决策、执行、控制、适应的特点必将作用于企业资金融通、供应链金融模式的完善。

（三）智能会计在供应链金融中的应用

智能会计以高新技术为支撑，以业财税管深度融合为核心，以智慧决策、精准迭代为变革的特征与传统供应链金融呈现的技术孤岛、数据孤岛、信息不对称等发展瓶颈完美契合。如何将智能会计与供应链金融融合构建智慧供应链金融生态，使金融能够真正服务于供应链来提高资金的利用效率是我们这节主要研究的问题。接下来主要从供应链金融主体数据共享、风险管控这两个方面来介绍智能会计对供应链金融的影响。

1. 实现数据共享

相比于传统供应链金融，核心企业在协调供应链信息流、物流、资金流、商流方面具有强势地位，而供应链上下游企业与核心企业商业联系紧密度有差异，使供应链成员信息不对称、核心企业信用无法有效传递。利用云计算技术，搭建与金融机构、物流企业、监管机构信息共享的智能会计体系，借助区块链技术将商流、物流、资金流、信息流优化上链，真正达到四流合一：通过验证商业活动的主体必须真实、合法，合同不能是虚假合同，交易必须是发生的实质交易，来确保交易资源真实可靠、贸易行为真实。利用区块链中的对点传输以及分布式账本功能，供应链各相关主体形成稳固可靠的业务联系，将树枝状的信息单向传输模式转变为网络化的信息共享模式，并且确保了智能会计体系的安全性。而网络化的信息共享模式将供应链成员之间的信息空洞进行技术性的修补，极大地改善了供应链成员之间信息地位不对等、过分依赖核心企业的情况，真实来源信息共享、信息业务透明化。进而消除供应链上信息不对称、核心企业信用无法有效传递的问题。

2. 实现智能化管控风险

在区块链实现基础数据信息真实、各主体数据共享的条件下，智能会计借助大数据深度挖掘、精确预测需求、可转化成评判指标的三大优势，建立信用风控模型合理评估企业的信用。大大降低融资企业信用风险，具体应用步骤如下：首先进行原始数据的挖掘和整理，相比于传统会计专注于交易结构化数据，在大数据背景下出现了更多的信息维度。例如，企业水电数据、企业高管人员数据、相关企业信息数据等，而这些数据并不兼容于传统会计体系，这时智能会计就体现出其在数据挖掘方面的优势，采用互联网计算机数据学习预测模型和智能化集成策略对供应链金融信贷申请人的业财税管数据进行收集与整理。其次利用数据可转化成评判指标的特性，将大数据采集到的杂乱无章的数据进行合并与转换，找到数据之间的规律形成大型的测量指标。例如信用诈骗情况、长期和短期内的信用风险承担能力等。最后将每个指标输入不同的信用评估模块，整合形成最终的信用分数，基于这个原理也可以生出如欺诈模型、身份验证模型、资产预付能力模型、还款能力和意愿模型以及整体资产稳定性模型等。依托智能会计体系，有效简化贸易和融资环节，降低交易成本和信用风险，提高融资效率。

智能化管控物流风险也是构建智慧供应链金融生态的必要条件之一，在传统供应链金融生态下的物流风险主要是因为银行无法及时察觉并积极应对诸如抽逃货物、重复质押等恶意抵押权利实现的行为。动产融资业务中，银行通常委托物流管理公司来对抵/质押物进行监管，如果监管方出现管理不善或道德风险，很难保证抵/质押物的数量、质量，带来很大的风险隐患。借助物联网技术尤其是传感器技术的发展，智能会计平台可以在产品的生产、流通、仓储、交易过程中实现全流程、全方位监控，出入库自动登记并锁定仓单。未经授权的操作直接触发预警系统，同时通报业务各相关方移动设备，通过物联网技术金融机构可以直接监控物流、信息流和资金流，实现实时监管抵/质押物的位置、状态及权益归属，降低操作风险和物流监管风险，从而解决动产抵/质押难题。此外，智能会计平台在缓解物流监管风险的过程中也降低了供应链金融成本。引入物联网技术，智能会计平台对企业资金动态监管并建立庞大的信息数据库，改变了商业银行通过委托方式对企业动产和不动产的监督管理成本高昂的现状。

总体来讲，智能会计体系通过业财税管深度融合的理念、高新技术支撑的力量将作用传统供应链金融生态升级为智慧供应链金融生态。其升级路径是：金融机构、物流企业、监管机构之间对企业业财税管数据进行网络化的共享，依托区块链技术对供应链交易信息真实性和安全性的强化，完成了供应链金融基础数据的建设。智能会计体系解决了传统供应链金融参与者之间的技术孤岛与信息孤岛问题，缓解了供应链成员与成员之间、供应链成员与金融机构之间信息不对称的矛盾。提升了核心企业信用传递的效率与广度，确保了供应链上交易信息的真实以及链上数据的安全性等，为智慧供应链金融生态的风险管控提供了全面真实的信息数据库。借助大数据技术，将上述产生的信息数据库进行全面而深入的挖掘，产生智慧的信用评估模型，不仅有效缓解了供应链金融融资模式的信用风险，更使基于信用的在线放款模式成为可能，大大提高了供应链上下游企业的融资效率。与此同时，智能会计平台借助物联网技术可以全流程、全方位地监控抵质押物有效降低了传统供应链金融下商业银行面对地抽逃货物、重复质押等恶意抵押权利实现的物流监管风险，以及改变以往委托物流管理企业监管的方式，大大降低了供应链金融的监管成本。

三、高新技术企业

高新技术企业相对于传统企业来说有较大的差别，其主要竞争力为自主知识产权，企业凭借先进的产品以及服务来占领市场。然而，高新技术企业在认定过程中由于认定部门之间存在的问题、认定标准难以客观判断等原因，导致企业转型困难。另外，认定成功后国家对于高新技术企业的优惠政策也难以百分百充分利用，阻碍了高新技术企业的发展。智能会计可以依托信息技术，解决企业在认定前后存在的问题，真正助力传统企业的转型升级。

（一）高新技术企业的内涵

高新技术企业集知识、技术、人才于一体，其需要满足的首要条件是注册成立时间在一年以上、申请认定前一年内未发生过重大事故或违法行为，其次高新技术企业还需要满足拥有核心知识产权并且拥有的技术属于相关技术领域规定的范围，另外企业的创新能力评价达到相应的要求，研发人员、研发费用以及高新技术产品收入都要达到相应的标准。

由于高新技术企业是国家促进经济增长、提高创新能力的重要支撑力，因此国家给予高新技术企业相应的优惠政策。通过给予优惠的形式，降低了企业的成本，同时也鼓励了企业加大研发投入力度，促进研发活动的开展。在国家政策的支持之下，高新技术企业的数量逐年上升，高新技术企业的研发人员、营业收入也呈现稳定的上升趋势。

（二）高新技术企业申请认定及政策应用产生的问题

高新技术企业认定管理工作由科技部、财政部和税务总局相关人员组成，在申请认定过程中企业需要满足八大基本条件，转型为高新技术企业后便可享受国家给予的各类优惠政策。然而，由于认定部门之间存在技术等问题，加之认定标准界限的模糊，使企业在向高新技术企业转型过程中存在阻碍。但是企业转型成功后，对于优惠政策的应用仍存在问题。首先，高新技术企业认定主管部门是科技、财政和税务部门，在认定过程中，由于三个部门技术、人员以及经费等原因，无法准确一致地判定企业是否符合高新技术企业的标准，再加之三个部门之间数据共享不充分，降低了认定的效率与效果。其次，在认定过程中，研发费用、科研人员数量以及高新技术产品收入等难以清晰界定，相关内容的确定可能需要依靠人的主观判断，这将导致无法及时合理地预测是否符合高新技术认定的所有条件，阻碍企业向高新技术企业的转型，进而导致企业无法享受高新技术企业的相关优惠政策。

企业在认定为高新技术企业后，可以享受国家和地区给予的各类优惠政策，但是优惠政策的应用方面也存在一定的问题。首先，在认定为高新技术企业的初期，由于企业中财会人员的经验不足、专业性不高，对于优惠政策条款的运用不充分，无法最大化地享受国家给予的优惠政策。其次，高新技术企业的税收优惠政策分散于不同的税法和文件中，企业难以系统地掌握相关的优惠政策，无法高效地获取相关的优惠条款。最后，在税收优惠政策的应用上面，比如对于已经认定成高新技术企业的软件行业，其享受增值税的即征即退政策，对其销售的自行开发的软件产品，首先需要按照130%的税率缴纳增值税，对于实际税负超过3%的部分可以享受退税的政策。然而在退税过程中，环节十分复杂并且所需时间较长，不仅占用了大量的资金而且也耗费了时间成本。比如国家对内资研发机构和外资研发中心采购的国产设备全额退还增值税，但是在该政策下享受增值税的退税需要满足的条件众多，政策公告对内资研发机构和外资研发中心做出了相应的条件限制，企业若申请享受该优惠条件需要达到相应的标准要求，多个条件的限制可能对企业申请相应的优惠带来阻碍。

从上述分析可以看出，申请高新技术企业的认定以及政策应用方面还存在一定的问题，企业需要明确问题所在，从而更好地助力企业向高新技术企业的转型及优惠政策的普及。

（三）智能会计在高新技术企业的应用

本节从高新技术企业认定及优惠政策的应用来分别介绍智能会计对高新技术企业的具体影响，分析智能会计如何有效解决认定及政策应用问题。

1. 打破"信息孤岛"

在高新技术企业认定的主管部门方面，智能会计基于共享经济理念，依靠现代信息技术，使数据能够有效地采集与集成，不仅打破了企业内部各部门之间的传统界限，而且将企业信息与外部连接起来，将企业外部各认定部门的数据障碍打通，解决了"信息孤岛"的问题。基于有效的数据信息，智能会计依靠共享平台，使科技、财政和税务三个认定部门能够及时获取企业信息，并且认定部门之间也能够互相交换所获取的认定内容，实现了企业内部以及外部数据之间的共享与挖掘。同时各认定部门之间信息的及时交流互通能够使其更加全面地把握企业的相关申报内容，降低了认定成本，提高了认定效率。

2. 智能化评估认定标准

关于认定需要满足的八大条件，智能会计可以通过数字形式对认定标准进行定义，依靠大数据技术，读取企业相关信息是否符合标准。同时，在对认定标准进行数字化定义后，系统可以对认定需要满足的条件进行实时的反馈，通过人工智能算法预测企业是否符合高新技术企业的认定标准。若没有达到相应的认定标准，系统也会根据企业目前的情况给予相应的建议，管理层能够根据反馈建议来进行未来的决策，帮助企业找到向高新技术企业转型的方向。例如，在高新技术企业认定过程中，需要满足的条件之一是近三个会计年度研究开发费用的总额占同期销售收入总额的比例要达到5%、4%或者3%，智能会计依靠信息技术，能够对该条件进行及时的判断，若没有满足要求，系统会提供给管理者当前企业已经达到的比例，帮助其了解企业当前的状况与高新技术企业认定标准之间的差距。然而，系统流程化的判定并不意味着完全摒弃人的主观智慧，相反信息技术提供的客观的数据能够充分发挥人的主观判断力，将现代信息技术与人类智慧结合，在智能化生成的数据之下借助人类智慧，从而更好地帮助企业达到高新技术企业的认定标准。

3. 充分应用政策

在高新技术企业优惠政策方面，智能会计运用大数据技术，获取分散于各个税法和文件中的高新技术企业优惠政策，对优惠政策进行分类整合并建立起政策之间的联系，解决了高新技术企业初期财会人员经验不足而无法高效地利用相关政策的问题。同时，智能会计依靠共享平台，可以与政策制定的相关部门实现信息的及时共享，当政策更新变化时，企业可以及时获得最新的信息，助力企业快速实现优惠政策的最大化利用。在优惠政策的具体应用方面，智能会计可以解决政策应用程序复杂、享受优惠所需时间较长等问题。例如，高新技术企业中享受即征即退优惠政策，但其退税过程复杂，所需时间成本较高，可能原因在于税务信息收集过程以及人工审核的效率较低。智能会计平台依靠现代信息技术，将企业信息与税务局对接，高效地采集税务信息，同时设置智能化的审核规则，实现退税过程的自动执行处理。这不仅提高了退税流程的效率和准确度，节省了大量的人力成本，而且将劳动力从重复机械性的工作中释放，使劳动力转移到更加富有创造性的工作之中，实现了劳动力价值的最大化应用。另外，部分优惠政策的应用需要满足的条件众多，智能会计通过与政策制定部门的对接，在智能会计系统内设置自动评判标准，从而可以迅速判断企业是否达到应用优惠政策的标准。若没有达到政策应用的标准，智能会计也能够报告出哪一条件没有符合要求，帮助企业更好地进行未来的规划与决策，以达到优惠政策应用的要求。

综上所述，智能会计对高新技术企业的认定及政策的应用进行了全方位的优化，不仅助力企业向高新技术企业转型，同时也帮助其最大化地应用高新技术企业的优惠政策。具体来说，企业基于共享经济、大数据、人工智能等现代信息技术的融合与应用，首先使各部门之间的数据之间可以共享，解决了认定过程复杂、认定效率低下的问题；其次将认定标准数字化，智能会计平台可以迅速读取企业的相关信息，对于企业是否符合高新技术企业的八大认定标准进行及时的报告反馈，同时对于没有满足的条件也给予相关的反馈建议，帮助传统企业实现向高新技术企业的转型；再次，将分散于各个税法和文件中的优惠政策进行整合，使企业更加全面地掌握可以享受的优惠政策，最大化地利用高新技术企业的政策优势；最后，智能会计解决了优惠政策应用过程中程序复杂、耗时较长等问题，帮助高新技术企业在转型后充分享受政策给予的优惠。

五、智能制造

我国制造业大而不强，具体来讲存在以下四个问题：其一，自主创新能力不强，核心技术对外依存度比较高，关键零部件、元器件、材料等大多依赖进口；其二，产品质量问题突出；其三，资源利用效率低；其四，产业结构调整刻不容缓，技术密集型和生产性服务业较弱，具有强大国际竞争力的大企业少。然而制造业是国民经济的主体，也是我国经济"创新驱动、转型升级"的主战场。从国内来看，我国经济已从较长时期的高速增长转入中高速增长阶段，转变经济发展方式已经刻不容缓，对于经济发展的主战场提出了紧迫的要求。从国外来看，一方面欧美等发达国家推行"再工业化"战略，预期在技术等方面继续领先优势，抢占高端制造业。另一方面印度、越南等发展中国家以更低的劳动力成本抢占制造业中低端：综上可以看出，我国制造业正面临着前所未有的挑战。

（一）智能制造的内涵

智能制造是指在开发、设计、生产、制造等全产业链环节运用大数据、人工智能、云计算、物联网等技术，将智能化和网络化体现在生产制造的各个环节，实现工业化和信息化的深度融合。

随着我国信息技术的广泛发展与应用，工业化和信息化不断融合，智能制造成为实现制造强国的主要途径。

近年来，各地方政府大力推动智能制造的发展并为此颁发了一系列政策措施，政策措施的落地实施指明了智能制造未来的发展方向并形成了明确的政策框架，由此推动了大批智能制造技术及相关研究成果的出现。从 2014 年起，智能制造行业的市场规模一直呈现递增的趋势。

（二）传统制造业智能化转型存在的问题

传统制造业智能化转型是实现制造业高质量发展的重要途径，然而转型道路上也面临着重重的难题，总结归纳为以下四个问题：其一，企业的认识不到位，缺乏方法论支持，因为智能化不仅是技术的更新，而且是经营理念、战略、运营、组织等全方位的变革。目前多数企业智能化意愿强烈，然而普遍缺乏清晰的战略规划与实现途径，与此同时智能化转型是一项长期而艰巨的任务，需要企业全局的有效协同。其二，数据资产积累薄弱，应用范围较窄。所谓智能化转型就是企业数据资产不断积累并用以数据驱动的过程。然而目前多数企业尚未构建起覆盖全流程、全生命周期、全产业链的数据链。企业的内部数据分散在各个业务系统当中，尤其是过程控制层和底层设备层无法互联互通，出现"数据孤岛"现象。企业外部数据融合度不高，无法及时感知到市场数据的变动，因此企业的需求响应能力也比较迟缓，决策及时性、有用性还有待提高。其三，数字鸿沟明显，产业链协同水平低。多数的中小企业智能化水平低、网络化、自动化基础较弱，尽管有智能化转型的强烈愿望，也受限于其人力、资金等方面的不足。相比于发达国家，我国工业互联网生态建设较缓慢，行业覆盖面、模型组件丰富性等方面较为滞后，产业链间业务协同并不理想，针对用户、制造能力等资源开放程度普遍不高，对于不少中小企业而言，即使参与智能化合作，在安全性等方面也有较大顾虑，这在一定程度上阻碍了资源共享、数据共享、业务协同的效率。

（三）智能会计在智能制造的应用

制造业企业只有实现数据核心驱动作用，将数据在整个企业流动中形成一项资产才能真正实现智能制造目标，下面将从智能会计如何建立智能化的数据库、实现大规模定制、打造用户直连制造商业生态圈这三个方面来具体阐述智能会计在智能制造领域的应用。

1. 建立智能化数据库

从实现客户敏捷性的角度来讲，企业只有围绕消费者偏好、个性化行为等数据来建立数据库才能精准地预测市场需求变动。由此可以体现出智能会计体系以大数据为技术基础的优势，利用大数据多样化、大容量、速度快等特征，企业利用移动互联网将线上线下融合获得双重数据建立个性化的用户需求数据库。这样企业能够设计更加符合消费者需求的产品、实现对消费者需求及时、精准的动态定位，实现企业产品和服务与消费者需求的价值融合。从供应链上游出发的数据库能够追溯优化产品特性，在初步满足消费者需求的基础上围绕用户体验，智能化的用户需求数据库能够动态定位、实时决策进一步为消费者提供更优质的产品体验价值。

从实现智能生产的角度来讲，在生产设备上配备传感器，实时抓取数据使生产大数据传到智能会计平台进行存储、分析，及时、准确地制定出采购和生产计划。例如，设备生产过程中利用传感器集中监控所有的生产流程，能够发现能耗的异常或峰值情况将这些半结构化的数据存储在智能会计平台进行预算资金、成本管理等分析，提供量化或定性化的决策支持。将传统工厂升级为动态调整的智能网络，实现精细化管理，对有限资源进行最大化使用，从而降低工业和资源的配置成本。具有覆盖面广、精准定位、迅速识别、高速成长的智能化数据库赋予企业动态维持能力、精细化管理能力、实时决策能力，提升企业绩效。

2. 实现大规模定制

大规模定制是一种崭新的生产模式，通过把大规模生产和定制生产这两种生产模式的优势结合起来，在不牺牲企业经济效益的前提下，以几乎每个人都能付得起的价格提供差异化的产品。在实现智能化数据库的基础上，就能实现以数据驱动的大规模定制模式，以客户需求为导向利用现代高新技术对客户的需求做出快速反应，保证迅速生产出高质量定制产品。其基本原理是将外部消费者需求进行数据化后，建立数据节点，企业根据客户需求将生产流程模块化分解，有针对性地将部门所需要的数据指令进行分配，建立起消费者与员工交互的渠道，通过智能会计平台可视化数据的合理应用，员工能够实时掌握产品生产进度，实现高效、协同、智能化的生产，形成以消费者需求数据为节点的流程模式。

以某服装制造企业为例：客户在提交订单后，其自主设计的服装数据就会立即通过移动互联网导入智能会计平台，迅速匹配智能数据库，平台对原材料进行自动筛选，分析库存情况，如果库存低于警戒水平将第一时间以数据的形式传递给上游供应商平台，使供应商在规定时间内补货，解决了传统生产模式库存过剩的问题。生产制造流程启动，计算机辅助设计迅速设计出最合适的版型并根据客户偏好进行拆解和剪裁。在每块待剪裁的布料上配备一个射频识别技术芯片卡，制衣环节根据订单将半成品传送到下一个工位，员工只需刷一下射频识别技术芯片卡，机器自动化实现操作指令，最后库房系统自动将产成品汇集到一起，物流商通过数据访问实时掌握产品生产进度，并第一时间执行配送服务。其中的每一道工序、环节都可以在线实时监控，全流程数据驱动，彻底解决了库存、设计、营销、成本、竞争力缺乏等问题。

在大规模生产模式中智能会计平台实现了数据可分割性、可整合性、可视化和流动性四种属性的激活，可分割性体现为将消费者需求分割到不同的业务部门，对流程实现了颠覆性的创新从而提升了企业对市场变化的反应能力。可整合性体现为产成品入库的环节，将分散的数据进行整合。实现产品的自动匹配，大大降低了产品出货分拣的时间成本。可视化是智能会计提升流程管控能力的根本途径，企业通过构建全流程可视化对生产制造流程进行控制，实现柔性管理、敏捷制造、质量管理，释放了数据驱动的效应。在激活可分割性、可整合性、可视化后智能会计打通数据链条，实现员工跨部门协同完成任务，大幅度降低产品返修率，提升员工工作效率。

3. 打造从消费者到生产者商业生态圈

企业需要利用价值网络各成员之间的核心能力互补来共同创造和传递价值，由传统竞争思维来分配价值的模式走向基于竞争合作思维来创造价值。在以用户体验为中心的驱动下，形成以共享用户数据为基础的网络，利用大数据技术提升信息透明度，使整个供应链置于数据生态中，实现价值共创和可持续性发展。企业将自身成功经验总结成数据模式，为其他企业提供转型升级的解决方案，可以向其他传统企业输出跨界复制的系统方法论，让数据驱动模式服务更多传统制造业，帮助传统制造业企业进行柔性化和定制化的改造，实现零库存、高利润、低成本、高周转的运营状态。

将智能会计平台所集成的生产计划数据、供应商资源、消费者数据、服务商资源、库存信息等进行复制，提升了企业的资源释放能力，使整个产业链上的主体形成战略合作伙伴关系，在供需双方之间搭建直接交互的渠道，打造从消费者到生产者商业生态圈，进一步提升需求响应能力，实现产业链协同化运作。

六、发票区块链

区块链是一种分布式数据库技术，其发展到今天已经有了形形色色的应用项目。由于区块链技术具有加密、共享、不可篡改等特性，可以看出在电子发票管理方面有着天然的优势，建设区块链电子发票管理的解决方案在提高税收征管水平，增强国家财税治理体系等方面有着十分重要的实践意义。

（一）发票区块链的内涵

电子发票是电子化的记账凭证，记录了详细的交易信息、纳税人的身份识别，由税务局统一发行、以电子信息的方式记录的付款凭证或收据。与传统纸质发票相比，电子发票的推行帮助企业降低了成本，提升了效率；帮助消费者优化生活的便捷性；帮助政府提升了税收征管的水平，促进了社会信用体系的建立。

（二）发票区块链的优势

区块链技术与电子发票管理需求天然吻合。首先，相比于电子发票需要依赖第三方机构来证实交易信息的真实性，区块链电子发票借助去中心化管理的特点，即使不依靠第三方机构的认证甚至是交易双方也不需要建立信任，也能实现各个节点的交易信息透明化。其次，借助区块链哈希函数加密服务、时间戳服务可以实现电子发票中的涉税数据在区块链中不可更改、不可重复、可以追溯。最后，由于区块链电子发票不需要中心化的节点，极大地提升了系统的运作效率。综上可以得出区块链电子发票的主要特征：交易即开票、开票即报销、发票即数据。将线上支付平台、商家订单系统与区块链电子发票系统相结合，在完成支付后根据交易信息自动生成发票。这就实现了"资金流、发票流"的二流合一，并且结合实名制有效解决了发票填写不实、发票开具少开等问题，通过一键报税，将税款足额及时入库。电子发票在记账报销时常常出现一票多报、真假难以验证等问题，区块链电子发票搭建了统一收票平台，从而实现发票从开具到报销的全流程线上监管。由于区块链电子发票在线上的流转数据与实名用户相关联，交易数据、报销入账等数据都可通过区块链技术追溯、查询。

（三）发票区块链对智能会计的影响

在智能会计时代，区块链电子发票的推行将进一步深化智能会计平台在企业、消费者、税务机关之间的应用。下面从发票管理、打破数据孤岛、实现信息管税这三个维度开展区块链电子发票是如何借助智能会计平台实现对税收征管的全面革新。

1. 发票管理

在智能会计时代，区块链电子发票的推行对开票企业意味着无须限量限额审批区块链电子发票，领票时无须验旧供新、清卡抄税，开票时也无须购买任何税控设备和硬件设备，借助移动互联网技术即可实现一键开票，节约了企业的时间成本、人力成本等。对于消费者而言，开票时无须排队申请，区块链电子发票以数据的形式存储在手机中，通过接入智能会计平台可以推送报销进而实现发票流链上全流程闭环，为消费者节省了开具时间、邮寄传输的成本。对于收票企业而言，将发票流引入企业财务系统，可以为企业提供更加权威、便捷的数据源，加强了企业的底层数据建设的同时也降低了企业税务违法的风险和内部审核工作量。从税务管理的角度来讲，区块链电子发票对发票管理制度进行了革新，取消了以往超限量审批、票种核定等步骤，借助区块链技术可追溯、不可篡改的优势，发票数据管理员无法篡改、发票数据永久留痕，有效控制了税务机构的执法风险并实时监控发票流转的全流程状态，设置事前、事中、事后的风险管理机制。在事前管理上，智能化设置准入门槛，智能会计平台进行全面的扫描体检，相关指标不合格则无法通过审核。在事中管理上，设置发票数量和金额的预警值，当数据异常变动会触发智能会计平台的预警，直接发送至税务机关与此同时将高风险的纳税人进行锁票的处理。在事后管理上，将区块链电子发票系统纳入税务机关现有的风险管理体系，依托智能会计大数据分析，重点开展对税收风险识别、推送、分析、应对等工作，增强事后风控。

2. 打破数据孤岛

借助区块链电子发票多方共同参与记账的分部式账本的特点，确保了电子发票源头的真实性，目前深圳市税务局推出的区块链电子发票主要由税务机关和各大服务商作为节点，借助区块链技术去中心化、可追溯、不可篡改的特征将电子数据统一整合，搭建各方的数据链条，打破数据孤岛现象，提升税收征管水平。

3. 实现信息管税

从理论上看，电子发票实现了"电子信息管税"而不是"发票管税"，这是因为税务机关将纸质发票作为税收管理的基础，让原本只有发货和记账两大功能的发票衍生出来第三种功能——税收征管凭据，这是"发票管税"的由来。电子发票的到来使税务机关对发票的依赖性开始减弱，不仅从制度上认可非发票形态，而且从工具使用上也逐渐从纸质转向了电子。这一转化到了运用区块链电子发票的智能会计时代将进一步深化，在区块链电子发票中发票的起始点不再是税务机关，依据区块链技术特点，发票将回归其商业功能。根据"交易即开票"的原则，只要资质符合，企业无须到税务机关领票可直接开具。由于是发票信息而非发票本身在税收征管起主要作用，可以期待在推行区块链电子发票的时代，真正的"信息管税"即将到来。

第二节 电子发票助力管理升级

电子发票是这两年的一个热点话题，也一直是会计人员关注的焦点。然而，电子发票的到来可谓是一种"迟到的进步"，其背后有两层含义：一是电子发票在国内的出现是迟到的；二是在国内开始推进电子发票后涉及的技术是迟到的。在这个大背景下，下面来探讨一下在电子发票中的几个重要话题。

一、电子发票的发展现状

首先来看一看电子发票在我国国内是如何发展起来的、当前的发展现状如何，以及在实务中面临了哪些困难和挑战。

（一）电子发票的发展历程

国内的电子发票是如何发展起来的呢？事实上，在电子发票正式落地前，存在一个重要的过渡时期，即网络发票时期。网络发票这一概念容易受到大家误解，被当作电子发票，其实网络发票更多的是提供一个网络化的发票管理平台，在这个平台上能够进行纸质发票的申领、开具管理等。其实质是把纸质发票的管理过程网络化。虽然这和电子发票相比存在差异，但对后续电子发票的诞生从观念的转变上起到了良好的铺垫作用。

（二）电子发票的优势

电子发票启动后，最积极的是开票方（销售方）。从动机上说，电子发票对开票方非常有益。对于零售行业、服务行业、金融行业的企业来说，开具纸质发票一直存在不少问题，如需进行纸质印刷、发票配送等操作和成本问题。而对于电商来说尤为如此。所以当电子发票出现后，获得一片呼声，许多企业非常积极地加入了变革。规范电子发票服务平台建设，重点在电商、电信、金融、快递等重要领域推行电子发票。

此外，从技术角度来说，开票的难度也是相对较低的。因为核心的技术难点如税控加密防伪、电子签章、二维码、发票赋码等都是架构在统一的电子发票服务平台和税务端管理平台上的，无需开票方进行技术投资。对于开票企业来说，要做的仅仅是在企业端设置前置机，与电子发票服务平台进行数据交互，提交开票电子数据信息后，获取电子发票平台返回的电子发票文件提供给客户。

而对于开具电子发票的企业的客户来说，只要不是用于报销，大家都比较乐于获取电子发票，因为个人获取发票主要目的是用于质保或维权，就这一目的而言电子发票和纸质发票之间没有什么差别，而且电子发票相较于纸质发票更加易于管理。特别是在今天互联网服务越来越发达的背景下，如微信等社交平台也提供了电子发票的配套解决方案，这对用户获取和保管电子发票带来越来越多的便利。

（三）电子发票的报销问题

进项发票的报销是电子发票不得不面对的难题。报销对于企业来说有两个问题要解决：一是报销过程，二是完成报销后的归档。

1. 报销的过程

对于电子发票来说，目前的政策是要求必须打印出纸质电子发票后进行报销。这给企业财务带来了一定的挑战，因为打印出来的电子发票在真伪的校验上相比纸质发票更加困难。从电子发票本身来说，由于其中内嵌了电子签名信息，通过数据提取和税局数据库的校验很容易进行真伪校验，但打印出来后，这部分关键的校验信息直接受到损毁，有可能发生重复打印发票报销甚至通过图像处理软件伪造发票报销的情况，这大大增加了企业财务把控风险的难度。

解决方案有以下两种：第一，将打印后的纸质发票的关键信息人工录入系统，或将打印件扫描后使用光学字符识别提取信息进行存储，并与税局系统进行比对校验。这样可以变相控制财务操作风险。第二，改造前端的财务报销系统，要求员工报销的时候直接上传电子发票的版式文件，或者通过第三方同步接入电子版式文件，系统后台对版式文件进行解析后与税局系统进行比对校验。

2. 报销后的归档

打印出来的纸质电子发票比较容易归档，可以直接放入会计凭证之中，和传统发票归档等同。但使用了电子发票，就应该把电子发票也进行归档。企业可以建立电子档案管理系统，建立电子发票与会计原始凭证的关联，实现电子化归档。从会计凭证的视角，能够看到包括电子档案在内的一套完整的原始凭证的电子信息，这给后续进一步检索和应用电子档案带来便利。

总而言之，目前进项发票报销的处理模式还存在不少问题，后续必然需要进行优化和改进。

二、电子发票的未来发展

那么，电子发票会向什么样的方向进一步发展呢？未来的电子发票会有哪些值得期待之处？

（一）增值税专用电子发票

到目前为止，电子发票还仅仅支持增值税普通发票，这给全面加速电子发票进程造成了不小的阻碍。在全面营改增后，增值税专用发票对企业具有极其重要的意义，少了这部分，电子发票的推进很难说是成功的。

不过，增值税专用电子发票的推出已经近在眼前。一旦正式推出，很多观望中的大型企业就会加速技术投入，考虑完整的电子发票落地方案。而在此之前，税务部门也正在进行铺垫和准备。全面营改增后，"金税三期"系统的建设极大地推动了增值税数据在全国层面的集中，这为实现增值税电子发票与税局底层账库数据的对接，以及发票真伪的校验提供了可能，是推动增值税专用发票电子化的重要基础。

（二）理想模式下的电子发票

在理想模式下，如何更好地利用电子发票？理想模式有以下几个特点。

1. 现存普通发票全面转为增值税普通发票

随着营改增的完成，现在各式各样的普通发票都将逐渐全面转为增值税普通发票，尽管这是一个必然趋势，但要完成这样的转换并不容易，新旧模式的转换还依赖大量基础设施的投入。

2. 无论是增值税普通发票还是专用发票，全面支持电子发票的形式

当所有的发票全面转为增值税发票后，无论是专用发票还是普通发票，都将全面支持电子发票的形式。尽管在这个过程中由于使用习惯的问题，纸质发票可能仍会存在很长一段时间，但终有一天将全面过渡至电子发票模式。

3. 国税总局的数据服务器能够面向全国用户提供交互支持

国税总局的数据服务向社会开放，当前的服务器性能瓶颈将被突破，国税系统能够面向全国所有企业用户提供免费的数据交互服务，这将给企业进行发票真伪校验和认证处理带来极大的便利。

4. 电子发票服务平台能够提供可靠、优质的公共服务

社会上将出现电子发票公共服务平台，这可能是基于某一具有公信力的协会型组织来提供服务的，能够成为开票方、收票方、税局三方之间的服务枢纽，提供发票查验、电子签章、发票推送、发票存储等公共服务。

5. 企业端系统能够最终实现与税局数据库的数据层面对接

尽管有服务平台作为中间枢纽，但另一种选择是企业端系统能够最终实现与税局数据库之间的数据层面的直接对接，从而为企业电子发票数据的应用提供更多的可能。

6. 企业端建立起支持电子发票的电子档案系统

企业端均建立起电子档案系统，能够对电子发票以及其他原始凭证进行统一的电子化管理。

7. 报销无须打印纸质文件

企业报销无须打印纸质凭证，基于公共服务平台和电子档案系统的协同支持，能

够完成基于数字化电子发票的直接报销流程。

第三节　管理会计打破维度的限制

管理会计的概念体系是一个比较大的范畴，广义的管理会计包含了经营分析，而相对狭义的管理会计则由收入分成、成本分摊和营利性分析三个核心部分构成。而这三个部分都离不开维度的概念。在传统的技术条件下，对维度的应用受到了不小的限制，而智能时代大数据的技术框架对此有所帮助。

一、管理会计眼中的维度

元数据是"数据的数据"，用维度和维度值来描述数据是对经营情况展开分析的重要方式。而管理会计从其功能上讲，可以说是经营分析的底层支持。经营分析需要基于多种维度进行不同视角的观察，同样对管理会计提出了要求，需要管理会计能够将收入、成本等经营信息基于不同的维度视角进行加工处理，并最终实现多维度的成本盈利分析。从这个角度来看，维度和管理会计存在着密不可分的关系。

下面再来具体谈一谈维度。

（一）维度的设计

从本质上讲，维度是看事情的视角。当对一件事情进行认知的时候，很难一次性看到它的全貌，在正常情况下，看到的只是一个视角下不完整的认知，而随着视角的不断增加，所获得的观察对象的信息会不断丰富起来，从而帮助不断提升认知水平，并最终有可能还原出接近真实的场景。

当知道维度是一个看事情的视角后，在进行管理会计维度设计的时候，就可以充分利用这一概念。由于管理会计的最终目的是辅助进行经营决策，所以，回答"需要用什么维度来看管理会计"的本质就在于"需要用怎样的视角来看经营"。

在缺乏管理会计体系支撑的情况下，能够用来看经营的视角是十分有限的，很多企业也仅仅能够依赖会计核算系统，从会计科目和组织维度来看经营。但是当引入管理会计后，维度就有条件进行一定程度上的扩展。如果资源有限，那么从哪里开始扩展？

从逻辑的角度讲，首先应该扩展的维度是对分析经营情况、指导经营行为最有价值的方面。比如很多公司的起点会选择"产品"和"渠道"两个维度，因为"产品"和"渠道"对大多数企业来说都是高度影响其经营结果的视角。随后，不同的行业开始有了不一样的选择，如以工程交付方式为主的企业可能会优先考虑工程项目的维度，咨询行业会增加咨询项目的维度，高科技行业会增加研发项目的维度，电信、金融行业会增加运营的维度，零售行业会增加客户、客群的维度等。当然，上面所举的例子并不一定是所有行业公司的一致选择，实质上，这些行业公司往往会同时产生多个新增维度的需求。但必须要意识到，维度的资源是有约束的，当无法一下子扩展多个维度的时候，要基于最有用的视角来逐步扩展维度。

（二）维度的特点

1. 清晰的含义和边界

当用维度来描述经营情况时，一个维度值只归属于一个维度，即维度值应当具有唯一性。比如很多公司在做网络销售，如果用"网销"作为一个维度值，而这个维度值同时出现在"产品"和"渠道"两个维度中，那么就会导致出现用户的认知困扰，不知道财务在说的事情到底是针对"产品"还是"渠道"的。

2. 层次性

比如对于"组织"这个维度，可以首先定义"法人"这个层次，进一步，在"法人"下定义"事业部"的层次，再细分为"研发""销售""生产""售后"等部门类的层次，最后落到具体部门上。一个层次清晰的维度体系能够帮助更好地基于层次进行自下而上的数据汇总，从而获得更多的管理信息。

3. 维度之间关系的叉乘性

在管理会计中，如果用多个维度来描述一件事情，人们希望看到的是几个维度之间的叉乘结果。

（三）收入分成和维度

对于收入来说，将其与维度进行匹配会相对容易。在通常情况下，当发生一笔销售的时候，销售的属性还是相对清晰的，比如卖的是什么产品、谁卖出去的、通过什么渠道卖出去的、客户是谁等。在销售发生时，从客观上讲，这些关键信息往往还是比较清楚的。在这种情况下，如果要获得多维度的收入分成信息，最核心的是要在销售的源头进行多维度的交易记载，也就是基于每一笔订单清晰地记载相关维度信息。

如果在源头没有记载，后续再基于合并记载的销售收入来进行拆分，难度就会很大。很多时候需要基于主观设定的规则来进行，这将降低收入分成的质量。因此，在进行管理会计的收入分成系统化时，需要尽可能地深入业务前端，通过从交易系统获得原始数据来达到最佳效果。

当然，有时在销售的源头也无法将收入完全清晰地归类到各个维度，此时还是需要采用一定的分成规则作为支撑。

（四）成本分摊和维度

对于成本来说，如果要将成本信息和维度进行匹配，那么所面对的情况会比收入分成更复杂一些。

首先，部分成本和销售订单是直接相关的，这种成本往往比较容易处理，与收入一样，能够直接指认大部分成本信息。但是仍有相当大比例的中后台成本是无法直接进行明细维度指认的，在这种情况下，就需要依赖其他的方式来进行处理。

在通常情况下，需要在成本发生的各类系统中尽可能清晰地记载一些维度信息，比如在报销的时候要求报销人指定可以确定的直接维度信息，如"部门""产品""项目"等。当然，这种指定是有局限性的，有些维度无法指认到底层的维度值，有可能停留在父级维度值上，甚至有些维度根本无法指认，必须依赖后续的成本分摊来进行。

成本分摊又是一个很大的话题，分摊的方法也有很多，对于管理会计来说，最重要的是要选择合适的成本动因和分摊路径。

（五）盈利性分析和维度

当完成收入和成本的维度信息匹配处理后，就具备了多维度成本盈利分析的基础。理想的多维度盈利性分析的数据基础应该是所预先设定的维度都得到了充分的匹配。也就是说，在底层数据中，能够基于各个维度底层的维度值展开叉乘，且所有的叉乘记录上都应该有相应的值。当然，对于无意义的叉乘，可能获得的是空值，但有业务含义的叉乘结果都应该有蕴应匹配的叉乘值。

在这个基础上，所谓的多维度盈利性分析就能够从单一维度、部分维度、全部维度进行灵活的汇总分析，而汇总时，在任何一个维度的层次上都是可以做异步汇总的。通过这种模式，基本能够从宏观到微观、从各个不同的层次深度和不同的视角来看待企业的经营情况。比如可以看到所有"事业部"的所有"产品"的收入和成本情况、某个"事业部"的所有"产品"汇总的收入和成本情况，也可以看到每个"事业部"的每个"产品"的收入和成本情况。这从管理上赋予了最大的灵活性。

二、管理会计团队的多维问题

维度赋予了观察企业经营情况的不同视角，而要想全面地看透经营情况，视角自然是越丰富越好。也就是说，能够构造出的维度体系越丰富越好。但是在实践中要做到这一点并不容易，因为多维度底层收入、成本数据的构建和应用是有难度和代价的。

（一）底层构建需要大量基础工作的支持

多维度底层收入、成本数据的构建需要大量的基础工作，采集数据源头信息、标记业务流程的维度值等工作，都需要完整地梳理端到端的信息系统，并进行细致、耐心的系统改造。

（二）数据抽取和加工的时效性

系统需要对基于规则的收入分成和成本分摊进行大量的计算处理。一方面，系统的计算能力需要足以支持；另一方面，系统处理的时效性要能够保障。往往无法直接从原系统抽取数据进行加工处理，需要通过数据仓库先进行抽取和存储，在此基础上再进一步进行加工处理。而在某些情况下，数据之间还存在处理的先后逻辑关系，这会导致数据加工处理出现排队的情况。很多时候，管理会计人员是在痛苦的排队等待中陷入绝望的。超出预期的数据处理时间，将使得数据结果因时效性的丧失而价值大大降低。

（三）管理会计多维运算的系统性能

当完整地形成了多维度收入和成本的底层数据后，报表的出具同样受制于系统的性能。由于叉乘关系的数据是极其庞大的，每增加一个维度，带来的都可能是几何量级的数据的增长。而在如此海量的数据上进行分层次多维度组合的数据汇总，不难想象，当系统性能不足以支持的时候，漫长的等待同样让人绝望。

从上面的分析能够看到，对于基于多维度成本盈利分析的管理会计来说，技术性能对于维度的扩展是重要的影响瓶颈。如果要想获得丰富、全面的管理会计分析视角，也就是进行任性的维度扩充时，首先要解决的是技术架构的性能问题。

三、技术进步下的维度破局

（一）关系型数据库对于维度的处理

传统的关系型数据库是建立在关系模型基础上的数据库，其借助于集合代数等数学概念和方法来处理数据库中的数据。现实世界中的各种实体以及实体之间的联系均可以用关系模型来表示。可以简单地把关系型数据理解为一种二维表格，一个或多个二维表格构成了关系型数据库。

当使用关系型数据库进行数据分析时，需要怎样处理呢？关系型数据库需要基于多个表之间的关联关系进行多次的表连接来实现数据查询，就像用一个个小铁环连接起来的铁链，环环相扣，完成最终的数据处理。在这种模式下，如果是小数据量的查询，则问题不大，但是当面对多维度海量数据时，这样的数据连接方式非常耗时，性能问题凸显。对于开发人员来说，关系型数据库的开发周期较长，成本也较高，但好处在于它消耗的存储空间较少，容易扩展。但这些优点不是管理会计的业务应用中所需要的。

（二）多维数据库的维度增强

面对关系型数据库在处理多维度大数据量时的不足，多维数据库的出现对于管理会计人员而言是一个解决途径。

多维数据库的概念比较抽象，可以用一个立方体的概念来解释多维数据库。如果多维数据库是一个立方体，数据被存储在一个多维数组里，那么立方体的边代表了"维度"，立方体本身被叫作"度量"或"事实"，也就是通常所说的具有数量特征的统计对象，比如金额、销量、库存等。

在大立方体的一个小立方体块中，在立方体的边也就是维度上可以理解为有不同的刻度，这些刻度就是"维度值"，当多个维度上的刻度确定后，也就是维度组合的每个维度的维度值确定后，就可以锁定一个具体的多维度组合结果，这个结果常常被称为"切片"。实际上在管理会计中所说的底层的数据记录，在多维数据库中就是由一个个切片所组成的。

为什么说多维数据库能够更好地提升维度组合后的查询效率呢？因为多维数据库在本质上存在着大量的冗余，用空间换时间，提升了运算效率。

在处理多维数据时，多维数据库比关系型数据库更前进了一步。但多维数据库仍然有它的局限性，当维度扩展到一定的数量后，仍然会有性能瓶颈。因此，在业务设计上需要适当控制维度的需求。

（三）大数据架构下的维度再突破

当大数据技术得到快速发展和普及后，管理会计人员对维度的需求有了进一步扩展的机会。

实际上，需要关注数据处理的时效性和数据量，并以此来考虑技术架构。对时效性要求很高的数据分析，可以称之为实时数据分析。现在的实时分析技术比以前有了很大的改善，特别是内存数据库的出现，极大地提升了分析效率。可以看到，现在就有一些企业选择这样的工具来进行管理会计的处理。但是管理会计对时效性的要求并未达到实时性，离线数据分析往往已经能够满足需求，反而是对大数据量的处理能力更为重要。而在数据量方面，内存数据库受到总内存的限制，往往可以处理相对一般量级的数据，但在海量数据下就会产生一定的压力。

多维数据库能够处理的数据是存在量级限制的，在海量数据下它的压力相当大，要么负载不了，要么成本过高。而基于分布式文件系统的大数据架构能够在海量多维数据的处理上有所作为。

可以想象，未来的管理会计将有可能突破维度的限制，将能够更多地关注如何构造维度以更好地反映经营情况，而不必再担心维度在性能上的制约，这就是管理会计的全维时代。

第四节　解决财务渗漏问题

对于专业会计来说，业务人员舞弊和渗漏风险管理一直是重中之重。然而，在传统的财务管理模式下，想要做到这一点在客观上存在着较大的难度。一方面，渗漏和发现渗漏就如同一场猫捉老鼠的游戏，总是不得不面对与业务的各种博弈升级；另一方面，要想做好这件事情，在反渗漏的斗争中不得不消耗大量的人力和精力。

随着智能时代的到来，财务反渗漏有了新转机。依托智能技术，会计有可能在与渗漏行为的博弈中占据更加主动的位置。同时，也能够让算力从一定程度上替代人力，智能风控有利于更好地发现财务渗漏现象。

一、财务渗漏的内涵

对于会计来说，在面对风险时有两种典型的情况。

一种情况是在复杂的财务流程中存在大量的财务运营工作，这些工作本身容易发生因为工作疏忽或者技能熟练度不足所导致的各种各样的差错。对于这些差错来说，并不把它们理解为一种渗漏行为，而更多地定位为财务的质量问题。

另一种情况就是财务渗漏，也可以理解为公司员工出现道德问题，从而发生的舞弊欺诈事件，这些事件会直接或间接地造成公司的财务损失。由于这种行为往往隐藏在大量的常规业务中，如员工的费用报销、零星采购等，如同一个容器出现了破损，漏下了沙子，故被称之为财务渗潺行为。

对于财务渗漏来说，最典型的关键词是"虚构"，财务渗漏往往是通过"虚构"来完成的，实际工作中会面临的虚构事项主要有以下几种。

（一）虚构经济事实

虚构经济事实行为在财务渗漏事件中性质最为恶劣，可以用"无中生有"来形容这种行为。涉案者往往是在没有任何真实业务支撑的情况下，凭空捏造一个经济事实。做得比较高明的涉案者往往还会编造一套看起来相对靠谱的逻辑证据链，通过这样的虚构从公司套取资金。

（二）虚构原始凭证

相对于完全虚构事实，虚构原始凭证的情况要稍微好些。有些时候，确实发生了实际的费用支出，并且员工也自行垫付了资金，但由于发票遗失或者忘记事前审批等其他情况，能够支持其正常报销的原始凭证缺失。这个时候，为了完成报销，员工有可能虚构原始凭证，比如购买发票、伪造审批签报等。尽管从动机上讲，虚构原始凭证没有完全虚构经济事实恶劣性强，但仍然是财务渗漏行为。

（三）虚构业务金额

虚构业务金额具有混合与隐蔽的性质。在这种情况下，往往存在一个基础的经济事实，也就是说，确实有经济开支发生了。比如员工确实出差了，但在实际报销时员工把住宿金额放大，将 5 天的住宿时间改为 10 天，把每天的住宿金额从 500 元改成 1000 元等，这样做，就是在一件存在事实基础的事情上虚构了业务金额。虚构业务金额的行为也是财务渗漏行为。

二、财务渗漏的进化阶段

进化论适用于诸多领域，在财务渗漏领域也同样存在进化的情况。财务渗漏的发展分为基础进化阶段、惯性进化阶段、关联进化阶段和突变进化阶段四个阶段。

（一）基础进化阶段

基础进化阶段是财务渗漏的最原始阶段，这一阶段，业务人员的渗漏行为往往是偶然的。比如在一次报销中错误地填写了信息，而会计人员并没有发现，业务人员得知真相后也并未上报。这种偶发的渗漏行为就如同取款时，取款机吐出了并不属于取款人的钞票，然后取款人并未归还这些钞票，而是据为己有。这个阶段通常就是财务渗漏的基础进化阶段。

（二）惯性进化阶段

当给了可以犯错误的机会后，总有一些人会把这种偶然行为转化为一种惯性行为。有少部分人会尝试利用财务控制中的一些漏洞，习惯性地占一些小便宜，甚至慢慢演变成主观故意的恶劣欺诈行为。但这种行为还是被控制在了个体单位内。这个阶段为财务渗漏的惯性进化阶段。

（三）关联进化阶段

在惯性进化阶段后，贪婪很容易被放大，但由于个体渗漏的成功率是建立在后续控制环节失效的基础上的，很多时候并不那么容易成功，而把最重要的控制环节——主管领导，纳入渗漏计划里往往能够迅速获得更多的成功机会。因此，一旦业务真实性的控制已经失效，只要后续能够伪造证据，就很容易完成渗漏。这种现象放大了渗漏的频率，这个阶段为财务渗漏的关联进化阶段。

（四）突变进化阶段

关联进化阶段的渗漏还是有一定限制的，毕竟要获取各种支持证据并不容易，虽然渗漏频率增加，但尚未造成金额的放大。但如同生物的进化，总有一些个体会发生基因突变，形成具有显著差异的物种。在渗漏的进化之路上，有一些不满足于当前阶段的渗漏者会扩大他们的圈子，通过将支持财务开支的证据链条上更多的环节纳入渗漏计划，从而形成端到端的渗漏能力，这些人的目的不在于高频率地获得金钱，而是要求通过一次财务渗漏获得尽可能多的钱款。这个阶段就是财务渗漏的突变进化阶段。

三、财务反渗漏面对的困难

事实上，在传统模式下，财务渗漏对企业和会计提出了不容忽视的挑战。与渗漏本身的进化一样，会计人员的反渗漏手段也一直在努力的进化中。

在早期，会计人员的反渗漏手段是"靠经验"。在这个阶段，会计人员通过常年累月的积累，形成了反渗漏的敏感性。有经验的人看到报账单据，多少能形成一些职业敏感性判断，但靠经验察觉舞弊行为需要大量的经验积累。而经验的形成并不是那么容易，没有大量的一线实践经验是很难形成这样的能力的。

到了下一个阶段，随着财务信息系统的建立，会计人员的反渗漏手段从"靠经验"进化到"靠数据，靠逻辑"的阶段。随着信息系统的建立，能够相对容易地对财务数据进行各种视角的分析。如同对财务报告的分析性复核，在反渗漏方法上，通过对大量数据的各种加工，有可能发现隐藏在数据背后的逻辑问题。而这些存在逻辑冲突的线索，往往能够帮助会计人员找到潜在的舞弊案件。"靠数据，靠逻辑"的进化对反渗漏有极大帮助，但是与快速进化的渗漏技术相比，反渗漏依然落后。反渗漏的难以进行主要处于以下原因。

（一）数据分析的资源有限

会计人员用电子表格或者简单的商业智能工具确实能够解决不少问题，但是面对报销这样的海量高频数据时，这点数据分析资源还是捉襟见肘的。由于反渗漏的数据分析是一种线索发现的分析，和常规的数据报表不同，这要求要通过大量的数据、大量的分析尝试来发现线索。对于会计人员来说，进行一两次专项分析问题不大，但要是把这件事情变成常规工作，将会面对缺乏工作效率的问题。

如何突破数据分析的资源瓶颈必然成为摆在会计人员面前的难题。只有通过技术手段突破数据分析的瓶颈，才有可能在未来展开更为丰富和复杂的反渗漏行动。

（二）复杂逻辑难以设计

在进行财务反渗漏的过程中，依靠逻辑来发现线索本身就是一件很困难的事情。实际上，逻辑的设计类似于数据建模的过程，要想有效地发现复杂渗漏的线索，模型就必须要构建得足够复杂。然而，人脑处理逻辑的复杂性是有限制的，当逻辑层次超出了人们的理解范围后，就很难再依靠人的认知能力来进行逻辑分析，发现渗漏线索了。

因此，如何突破人的逻辑局限，找到不易发现的隐藏逻辑或复杂逻辑，成为会计人员反渗漏的重要挑战之一。

（三）关联渗漏无能为力

在反渗漏的战斗中，会计人员最无能为力的场景就是面对关联渗漏。所谓的关联渗漏是指舞弊的行为被分散在不同的单据、时间甚至不同的子公司中。在这种情况下，会计人员的分析发现能力很难跨越单据、时间和公司这些天然的屏障，这也成为很多渗漏者重要的舞弊方向。

财务在反渗漏的进化中是迟滞于渗漏进化的。特别是在过去很长一段时间内，技术手段无法突破成为最大的挑战。值得庆幸的是，在智能时代，这一状况有望改变。

四、智能时代反渗漏技术的智能进化

智能时代的到来，让亟待进化的反渗漏局面出现了突破的转机。大数据与机器学习技术的发展，让会计人员有机会在反渗漏的场景中尝试应用这些新技术。下面一起来看看基于规则模型与监督学习模型、非监督学习模型、存储区域网络社会网络三种形式的智能风控所带来的反渗漏升级。

（一）基于规则模型与监督学习模型的智能风控

事实上，基于规则的反渗漏与基于数据和逻辑的反渗漏的思路是一致的。核心差别在于，是否能够用信息系统来运行复杂的规则模型，而不是靠人进行分析。

很多人会陷入一个误区，认为人工智能到来了，要用复杂的思维去取代简单的规则处理。实际上，正确的做法是尽最大的可能在应用人工智能技术之前采用规则处理，基于规则的系统处理的成本更低并且高效。但是，在当前的技术条件下，采用规则处理有两个难点，一个是支持规则处理的数据不足；另一个是规则本身的设计困难且复杂。

而智能技术的出现，恰巧在这两个方面提供了支持。大数据技术的出现，使管理更庞杂的和非结构化数据成为可能。这些越来越大的数据为应用更复杂的规则模型来发现渗漏线索提供了机会。比如可以从社会网络中获取与供应商、员工相关的大量信息来发现潜在的渗漏线索。另外，机器学习中的监督学习模型能够帮助将大量的人工审核方法转化为机器规则，从而实现自动化的规则反渗漏审核。

在基于监督学习的机器学习模式下，可以将长期以来基于人工反渗漏作业的单据作为学习训练的基础，通过对单据的特征进行数据化，并对这些单据是否存在渗漏情况打上标签。监督学习模型能够利用大量具备特征和标签的训练题，进一步提炼规则。这些新的规则植入系统后，作用于新发生的业务单据，分析其是否存在渗漏的可能，这将有助于解决"规则建立困难"的问题。

（二）基于非监督学习模型的智能风控

另一种帮助找到渗漏线索的方法是利用机器学习中的非监督学习。从某种意义上讲，非监督学习可以理解为机器对大量数据进行自主聚类分析的过程。机器系统并不关心数据本身的含义，它将数据按照特征的相似性进行分类。在这种情况下，不难想象，对于大多数"正常"的单据来说，它们会具有相似性，能够被非监督学习模型归集到非常相似的圈层里；而那些可能存在渗漏行为的"不正常"单据，则有可能出现在特定区域的圈层中。通过这样的可视化分析，能够帮助进一步将渗漏调查的对象聚焦在这些另类的小群体单据中。基于这种思维导向，非监督学习在技术上的支持，让突破数据和逻辑分析的局限，找到在传统模式下看不到的渗漏风险成为可能。

（三）基于系统网络体系结构社会网络的智能风控

关联舞弊通常是最难以解决的财务舞弊行为。正如上文中所说的，人的思维能力很难发现跨越时间和空间的关联性。而在大数据技术的支持下，能够通过构建社会网络的方式来发现渗漏风险，这成为解决关联渗漏的创新思路。

系统网络体系结构社会网络反渗漏中的社会网络可以理解为利用企业内部财务相关经济事项的各个关联主体之间的相互关系构建的一个关系网络。在这个网络中，有公司的员工、员工的审批领导、供应商、供应商的股东、供应商与公司内的其他关联人等。通过筛查社会网络中可能发生渗漏行为的主体规律特征，来识别利用传统反渗漏技术难以发现的渗漏行为。在社会网络模型中，集成了筛选、统计、时间还原、风险节点关系分析、可视化关联分析等模型，能够更加快捷、有效地帮助发现潜在的渗漏风险。

在实际的应用中，可以以报销单据为核心向外扩展，通过员工、审批人、供应商等多个要素之间的关联关系，跨越空间和时间构建起网络。在这个网络中，需要寻找所谓的"黑节点"。"黑节点"是指通过其他技术方式发现的有问题的单据、人或供应商。一旦出现了"黑节点"，就有理由怀疑在这个网络中存在其他的"被污染节点"，这种从网络和"黑节点"视角出发的渗漏发现方法往往能够以点带面地发现问题，并且将深度隐藏在空间和时间掩体后的渗漏行为挖掘出来。

在实际构建系统网络体系结构社会网络模型的时候，通常需要经过节点确定和数据提取、节点数据清洗、关联关系匹配、生产网络等步骤。而在这个过程中应尽量减少数据不足、垃圾数据过多、数据冗余等问题对网络质量的影响。

参考文献

［1］蔡建平，潘瑞瑞．大智移云时代财会队伍角色转换与能力应对研究［M］．南京：东南大学出版社，2021．

［2］常虹．会计信息处理的智能化发展［J］．财会学习，2020（9）：135，137．

［3］陈红军．会计核算自动化、智能化［J］．财会学习，2020（3）：104，106．

［4］陈强，代仕娅．基于行业知识与知识图谱的会计案防智能平台［J］．计算机技术与发展，2022（1）：180-185．

［5］陈旭，王爱国．智能会计信息系统［M］．北京：高等教育出版社，2021．

［6］程平．RPA审计机器人开发教程——基于来也UiBot［M］．北京：电子工业出版社，2021．

［7］崔显龙．智能会计时代下企业管理会计应用分析［J］．品牌研究，2022（17）：243-246．

［8］丁胜红．智能会计前沿理论研究［M］．北京：中国财政经济出版社，2020．

［9］董木欣．财会监督机制创新与框架分析：基于智能会计视角［J］．财政科学，2022（7）：90-96．

［10］董文汇．现代经济与财会信息化创新趋势［M］．北京：中国金融出版社，2020．

［11］董艳丽．新时代背景下的财务管理研究［M］．长春：吉林人民出版社，2019．

［12］范钦．智能会计创新发展的现状及策略分析［J］．西部财会，2021（10）：31-33．

［13］范玉红．会计智能化转型路径［J］．中国外资，2021（16）：16-17．

［14］冯梅笑．大数据背景下智能会计信息系统构建与应用［M］．北京：经济管理出版社，2020．

［15］龚翔，施先旺，单航英，丁琳．会计学原理［M］．沈阳：东北财经大学出版社，2019．

［16］何堃．智能会计关键技术及应用场景研究［J］．中国管理会计，2021（4）：27-37．

［17］何瑛，李爽，于文蕾．基于机器学习的智能会计引擎研究［J］．会计之友，2020（5）：52-58．

［18］黄辉，尹建平，顾飞，程洁，刘斌．现代财务与会计探索（第 5 辑）［M］．成都：西南交通大学出版社，2019.

［19］贾小强，郝宇晓，卢闯．财务共享的智能化升级［M］．北京：人民邮电出版社，2020.

［20］李华，安娜，孙博．财务会计［M］．沈阳：东北财经大学出版社，2018.

［21］李俊峰，王琳．财务机器人应用与开发［M］．北京：高等教育出版社，2021.

［22］李娜．论人工智能与会计［J］．现代经济信息，2021（5）：98-99.

［23］李彤，贾小强，季献忠．企业数字化转型［M］．北京：人民邮电出版社，2020.

［24］李晓真．会计转型发展的方向——智能会计［J］．魅力中国，2020（36）：373-374.

［25］李雪，王福英．智能会计应用风险及对策［J］．合作经济与科技，2022（18）：130-131.

［26］刘光强，卫静静，祁邈．基于"区块链+"数字技能的智能管理会计研究［J］．商业会计，2022（16）：36-46.

［27］刘海生，耿振强．财务共享服务［M］．北京：高等教育出版社，2021.

［28］刘金星．管理会计［M］．沈阳：东北财经大学出版社，2020.

［29］刘莉．智能财务与会计职能转变［J］．新会计，2022（5）：23-26.

［30］刘勤，李俊铭．智能技术对会计实务的影响：文献回顾与分析［J］．会计之友，2022（17）：16-22.

［31］刘任．人工智能时代会计电算化发展存在的问题及对策［J］．辽宁师专学报（自然科学版），2022（1）：105-108.

［32］吕志明．Power BI 可视化分析案例教程［M］．北京：经济科学出版社，2021.

［33］马梓祥．会计行为与智能财务［J］．市场周刊，2021（10）：103-105.

［34］倪星超．人工智能背景下财务会计与管理会计融合浅析［J］．中国管理信息化，2022（6）：67-69.

［35］牛艳芳，王爱国．智能财务分析可视化［M］．北京：高等教育出版社，2021.

［36］秦荣生．数字化转型与智能会计建设［J］．财务与会计，2021（22）：4-6.

［37］石道元，王伟．会计信息化［M］．沈阳：东北财经大学出版社，2016.

［38］孙传志．管理会计与智能化［J］．中国乡镇企业会计，2022（7）：193-195.

［39］孙慧英，张玉洁．中小企业智能会计服务创新探析［J］．西部财会，2021（3）：27-29.

［40］汪刚．财会与商业大数据可视化智能分析［M］．北京：清华大学出版社，2019.

［41］王爱国，韩跃．智能会计概论［M］．北京：高等教育出版社，2021.

［42］王锐．注册会计师智能化审计初探［J］．经营者，2021（2）：258-259.

［43］王思慧，胡颖．人工智能会计风险与管控［J］．经济技术协作信息，2021

（8）：58.

[44] 王艳华．会计电算化与智能财税比较分析［J］．营销界，2021（21）：149-151.

[45] 王羽轩．AI智能对会计行业的影响［J］．合作经济与科技，2022（6）：142-143.

[46] 魏冉．智能会计时代下企业管理会计应用分析［J］．智库时代，2021（33）：275
-276.

[47] 文峰．从会计智能化到智能会计演变研究［J］．财务管理研究，2022（10）：1
-7.

[48] 谢合明．"大智移云"技术驱动下会计类IES型人才培养模式研究［M］．成都：
西南财经大学出版社，2020.

[49] 许金叶．智能管理会计：智能合约的缔结与履行［J］．会计之友，2020（10）：
156-160.

[50] 续慧泓，杨周南，周卫华，刘锋，刘薇．基于管理活动论的智能会计系统研究
——从会计信息化到会计智能化［J］．会计研究，2021（3）：11-27.

[51] 杨小舟．财务报表分析框架与应用［M］．北京：中国财富出版社，2019.

[52] 杨亚芳．基于网络智能化的会计信息质量评估研究［J］．财富生活，2022（8）：
193-195.

[53] 姚孟良．智能会计对节能减排的促进作用［J］．中国商论，2020（22）：170
-173.

[54] 尹波．智能会计的发展趋势与未来人工会计工作重点［J］．纳税，2021（16）：
85-86.

[55] 应里孟，阳杰．智能+会计：模式创新与职业重塑［J］．财会月刊，2020（24）：
69-76.

[56] 张驰，刘芳．智能会计对财务会计的影响及应对［J］．现代商业，2021（9）：
175-177.

[57] 张焕炯，徐辉，叶礼芳．智能会计的本质属性及发展进程研究［J］．交通财会，
2021（12）：33-38.

[58] 张巨锋．智能化驱动下会计的发展与转变［J］．经营者，2021（15）：126-127.

[59] 张敏，付建华，周钢战．智能财务基础：数智化时代财务变革实践与趋势［M］.
北京：中国人民大学出版社，2021.

[60] 张庆龙．下一代财务：数字化与智能化［M］．北京：中国财政经济出版
社，2021.

[61] 张书玲，肖顺松，冯燕梁，孟磊，路小浩，刘一菲，马青牧，孙庆嵩．现代财务
管理与审计［M］．天津：天津科学技术出版社，2020.

[62] 张笑．智能会计应用研究［J］．商场现代化，2020（13）：88-90.

[63] 张震．智能管理会计：从Excel到Power BI的业务与财务分析［M］．北京：电子

工业出版社，2021.

［64］赵耀．智能管税 36 个税务问题破解 ［M］．北京：经济科学出版社，2021.

［65］赵奕．人工智能背景下的会计模式与智能会计探究 ［J］．中国市场，2022（8）：184-186.

［66］甄卓铭，刘媛媛．会计信息系统——ERP 基础 ［M］．沈阳：东北财经大学出版社，2018.

［67］周爽，曹正莹，周雨婷，盛雅文．互联网+下的智能会计的推广 ［J］．数字化用户，2021（41）：70-72.

［68］朱顺泉．Python 量化金融与人工智能 ［M］．北京：清华大学出版社，2021.

［69］朱晓春．会计信息系统智能化应用 ［J］．中国外资，2021（4）：139-140.